国外人士看新时代

主编 于海青

新时代的发展

从中国到非洲

[英] 马塞尔·戴洛奇克 著

于海青 译

图书在版编目(CIP)数据

新时代的发展:从中国到非洲/(英)马塞尔·戴洛奇克著;于海青译.—重庆:重庆出版社,2024.4
ISBN 978-7-229-18269-4

Ⅰ.①新… Ⅱ.①马… ②于… Ⅲ.①现代化建设—研究—中国 ②区域经济合作—国际合作—研究—中国、非洲 Ⅳ.①D61 ②F125.4 ③F140.54

中国国家版本馆CIP数据核字(2024)第018184号

新时代的发展:从中国到非洲
XIN SHIDAI DE FAZHAN: CONG ZHONGGUO DAO FEIZHOU

[英]马塞尔·戴洛奇克 著 于海青 译

责任编辑:吴 昊 李欣雨
责任校对:李小君
装帧设计:李南江

 重庆出版集团
重庆出版社 出版

重庆市南岸区南滨路162号1幢 邮政编码:400061 http://www.cqph.com
重庆出版社艺术设计有限公司制版
重庆恒昌印务有限公司印刷
重庆出版集团图书发行有限公司发行
E-MAIL:fxchu@cqph.com 邮购电话:023-61520678
全国新华书店经销

开本:787mm×1092mm 1/32 印张:4.375 字数:68千
2024年4月第1版 2024年4月第1次印刷
ISBN 978-7-229-18269-4
定价:35.00元

如有印装质量问题,请向本集团图书发行有限公司调换:023-61520678

版权所有 侵权必究

总　序

党的十八大以来,中国特色社会主义进入新时代,以习近平同志为核心的党中央,统筹国内国际两个大局,团结带领中国人民取得了社会主义现代化建设的巨大成就,创造了令世界惊叹的发展奇迹,谱写出人类进步史上的辉煌篇章。新时代中国的发展,铸就了21世纪世界发展的精彩华章;新时代中国特色社会主义的伟大成就,使中国成为世界社会主义的引领旗帜和中流砥柱;新时代中国始终不渝做全球发展的探索者和引领者,为解决世界难题贡献了中国智慧,为人类对更好社会制度的探索贡献了中国方案;新时代中国在推进马克思主义中国化时代化中激发中华优秀传统文化的生机与活力,使中华文明焕发蓬勃生机,创造了人类文明新形态,为人类文明进步作出巨大贡献。新时代中国取得的巨大成功，不仅在中华民族发展史、中华人民共和国发展史上具有重大意义，而且在世界社会主义发展史、人类社会发展史上也具有重大意义。

中国共产党在领导人民推进社会主义现代化建设的进程中，走出了一条中国式现代化道路。新时代中国以巨大的成就、广泛的影响、显著的优势彰显了通过中国式现代化道路创造的人类文明新形态。中国式现代化道路的开拓，为广大发展中国家走向现代化提供了典范样本和全新选择。中国式现代化道路是基于自身的经济社会条件、历史文化传统、基本价值诉求、现实发展逻辑作出的选择，具有鲜明的中国特色、民族特质、时代特性。中国式现代化是人口规模巨大的现代化，是全体人民共同富裕的现代化，是物质文明和精神文明相协调的现代化，是人与自然和谐共生的现代化，是走和平发展道路的现代化。新时代中国以高度自信的精神状态展现了中华文明的当代形态、社会主义文明的中国形态、人类文明的崭新形态，打破了"西方中心主义"文明观的思维束缚，有力驳斥了"文明冲突论""历史终结论""社会主义失败论"。新时代中国坚持既不输入别国模式,也不输出中国模式,始终高举和平、发展、合作、共赢旗帜,奉行独立自主的和平外交政策,坚持走和平发展道路,推动建设新型国际关系,维护国际关系民主化,推动构建人类命运共同体,做世界和平的建设者、全球发展的贡献者、国际秩序的维护者,以中国的新发展为世界提供新机遇。

当前,走近世界舞台中央的新时代中国与21世纪的世界融为一体,中国的发展在造福本国人民的同时,为世界发展进步作出越来越大的贡献。当今世界是开放的世界,中国的发展离不开世界,世界的发展更需要中国。纵观人类社会发展史,从原始封闭的民族历史向广阔的世界历史转变以来,开放性是人类社会的基本特征,全球化是世界发展的必然趋势。中国发展、中国奇迹、中国道路、中国之治正引起国际社会越来越多的关注和研究。随着国际格局的调整、世界局势的变迁、全球秩序的嬗变,中华民族在迎来从站起来、富起来到强起来的历史飞跃中日益走近世界舞台中央,实现中华民族伟大复兴进入了不可逆转的历史进程。中国在解决人类难题、全球问题、时代课题中承担更加重要的角色,提出了一系列新思想新理念新倡议，为建构国际政治经济新秩序、塑造全球治理新格局，发出了中国声音、彰显了中国担当、贡献了中国智慧、提供了中国方案。观察和理解中国，需要坚持历史思维和全球思维，树立大历史观，从历史长河、时代大潮、全球风云中分析演变机理、探究历史规律、提炼经验启示。

中国特色社会主义新时代取得的历史性成就和发生的历史性变革，中国式现代化道路坚持既发展自身又造福世界，令世人瞩目、引各国关注，并赢得国际社会的认可和赞赏。世界不同国家和地区的有识之士对新时代中国给予了高度关注并进行了深入研究。为了集中系统呈现国外专家学者关于中国特色社会主义新时代的研究成果和主要观点，推动开展对比研究，同时推进国际社会更加全面客观地认识中国，由中国社会科学院国际合作局、马克思主义研究院策划，马研院国外马克思主义研究部具体协调沟通，中国社会科学院国际合作局、世界社会主义研究中心、马克思主义理论学科建设与理论研究工程提供出版资助，组织国外专家学者撰写"国外人士看新时代"系列小丛书。丛书作者来自世界各国各地区，从多学科、多维度、多层面对习近平新时代中国特色社会主义思想、中国特色社会主义新时代进行了分析评价。

参与撰稿的专家学者中，有的长期从事中国问题研究，对当代中国有着深刻的了解，以客观公正、科学严谨的态度探讨了中国奇迹产生的内在逻辑、中国之治形成的制度基础、中国道路开创的历史规律。该丛书的出版，对于讲好中国故事、展示中国形象、传播中国声音具有重要的借鉴意义。我们衷心希望通过"国外人士看新时代"小丛书这个思想交流平台，推动建构新型国际关系、新型党际关系，推动构建人类命运共同体，为中华文明与世界各国文明的互学互鉴、为中华民族伟大复兴与人类社会发展进步贡献智慧力量。

编　者
2021 年 11 月

致　谢

我对推动本书出版的所有人深表感谢！

非常感谢中国、欧洲和非洲的同事，他们与我进行了富有启发性的讨论。感谢我所在研究机构的支持。感谢参与中欧合作、"一带一路"倡议和中非合作论坛等研究的智库和其他相关机构，主要是北京中国社会科学院同事们的帮助。此外，我也对来自上海、广州和杭州等大专院校对本书提供了重要智力支持的同人表示衷心感谢。

前言

中国的发展已成为当前新时代一个重要的全球性现象。中国的崛起建立在改革开放所形成的独特的现代化基础之上,它在历史悠久的中华文明和经由2013年"一带一路"倡议重新复兴的"丝绸之路"中,拥有了更持久的发展原动力。

基于习近平新时代中国特色社会主义思想指导的发展模式,中国按名义国内生产总值(GDP)计算已成为世界第二大经济体,以国内生产总值购买力平价(PPP)计算则已成为世界第一大经济体,其人民生活水平极大提高。改革开放40多年来,中国有8亿人脱贫,这是人类历史上前所未有的成就。仅在过去8年间,就有近1亿贫困人口摆脱了贫困。2020年,中国历史性地解决了绝对贫困[①]。现在，中国致力于进一步提高这些人的生活水平，并在未来克服其他挑战，就像其最近在抗击新冠肺炎疫情斗争中所做的那样。中国的很多地方经济非常发达，已与欧盟和美国不相上下。

世界人民见证了中国迄今取得的成就。因由这些亮眼的统计数据，众多发展中国家（主要是非洲国家）对中国模式钦佩有加。除此之外，很多发达国家将中国视为重要合作伙伴。各国人民深受中国模式及其全球活动的启发，认为中国提出的这些倡议有利于推动事态朝着积极方向发展。在当前世界面临多重挑战的背景下，他们认为这是多边主义的积极组成部分，应该得到支持和进一步加强。

尽管中国谦逊地自称为发展中国家，但它对全球交流贡献巨大。中国也提供了具有创新性的发展思路，比如"2.0版全球化"。在世界格局发生深刻变化的今天，中国的"一带一路"倡议引领全球互动进入新阶段。20世纪80年代，由美国和英国发起的"1.0

---

① Zhao Hong, "Graphics: Ending China's Poverty by 2020", *CGTV*, Oct. 17, 2019, https://news.cgtn.com/news/2019-10-17/Graphics-Ending-China-s-poverty-by-2020-KREfWKGkIU/index.html.

版全球化",虽然使全球各层面的联系更加紧密,但也在世界各地引发了诸多问题和危机。尽管从长期看,全球一体化是发展趋势,但一直存在着一体化和去一体化浪潮的周期轮替。

在诸种全球发展趋势中,中国正在提供一种基于相互承认、相互尊重、相互合作的新模式,比如沿古丝绸之路等地开展的"一带一路"建设。从历史上看,它源于中华文明独特的长期发展,源于中华人民共和国的建立,也源于中国近几十年的改革开放。"一带一路"倡议倡导互联互通,在许多国家进行投资,促进了经济、科研创新、文化、人文交流等领域的发展。"一带一路"倡议在参与伙伴相互承认的基础上开展合作,为世界发展作出了重要贡献。

自2013年习近平主席提出"一带一路"倡议以来,"一带一路"倡议最先在欧亚大陆和东非落地,其后扩展到世界其他地区。由于该倡议还涵盖拉丁美洲,因而成为一个全球性愿景。"一带一路"倡议蕴含于人类命运共同体理念中。在这一共同体理念中,存在多种实现方式。官方关于"一带一路"发展路径的界定也是多元化的:丝绸之路经济带、21世纪海上丝绸之路,以及各种经济走廊和包括基础设施网、各层面产能合作在内的众多方案。

"一带一路"倡议建基于习近平新时代中国特色社会主义思想框架[①]和中国梦概念。中华民族伟大复兴的中国梦构想源于人民生活水平的普遍提高,按照时间顺序首先是到2021年即中国共产党成立100周年时实现全面建成小康社会的目标,然后到2049年即中华人民共和国成立100周年时建成社会主义现代化强国,2035年则是其间发展的一个里程碑。这一阶段包括"一带一路"在内的中国改革开放新时期,我称其为"第三次革命"。因此,如果我们把1911年视作近代中国开启现代之路的元年,把1949年中华人民共和国成立视作第一次革命,把1978年以来的改革开放视作第二次革命[②],那么因由"一带一路"倡议提出以及相关新时代中国梦的设想,我们可以把2012年看作是第三次革命的开始。显然,这些革命和革命性改革在中国国内以及全球都产生了某些结

[①] Xi Jinping, *The Governance of China III*, Beijing: Foreign Languages Press, 2020, pp.83-90.

[②] 1985年3月28日邓小平会见日本自民党副总裁二阶堂进时指出"现在我们正在做的改革这件事是够大胆的。但是,如果我们不这样做,前进就困难了。改革是中国的第二次革命"。参见《改革是中国的第二次革命》,《邓小平文选》第3卷,人民出版社1993年版。——译者注

果,且这些结果之间相互联系、相互作用。

这非常符合新的替代方案的全球趋势。我们可以看到,中国等国家正在寻求一种多极观。这不仅限于金砖国家,还包括墨西哥、尼日利亚、印度尼西亚、土耳其等国,也包括欧盟、欧亚联盟、上海合作组织等宏观区域倡议。

在本书中,我将探讨中国在国内以及在发展中世界(主要是非洲)等国际层面的独特发展。中国和非洲诸国都具有发展中国家的显著特征。中国是世界上最大的发展中国家,而发展中国家在非洲大陆的数量最多。非洲贫困人口约占全球贫困人口的34%[1]。正因为如此,中国非常积极地帮助非洲众多发展中国家发展,与非洲分享消除贫困、提高当地人民生活水平的经验。这些行动是在双边和多边基础上,主要是在"一带一路"倡议下进行的。"一带一路"倡议在中国和非洲有制度性支撑[2]。中国成为非洲最大的投资国,比如自2000年以来,中国在非洲的直接投资增加了

---

[1] 参见《非洲开发银行认为2021年非洲人口贫困比例有所增加》,中华人民共和国商务部 http://ml.mofcom.gov.cn/article/ztdy/202206/20220603316331.shtml——译者注

[2] Xi Jinping, *The Governance of China III*, Beijing: Foreign Languages Press, 2020, pp.521-527.

100倍①。

从方法论讲,本书的主题聚焦于追溯中国的当代和历史渊源。我将介绍中国在20世纪是如何发展起来的,及其古老的文明演进轨迹,这是中国当前发展的重要和必要前提。只有将理论和实证分析建立在历史方法论基础之上,我们才能对这一问题有更深刻、更充分的认识。在中国和欧洲,有几种主流的解释都遵循了历史方法。在中国,首先是与马克思主义传统相结合的历史方法。其次,该方法在中国有其历史渊源,可以追溯到2000多年前。历史分析被认为是传统知识学派的重要组成部分。"一带一路"倡议本身具有历史意义,因为其复兴和更新了历经2000年演变的丝绸之路。在欧洲,历史分析也发挥了类似的作用。预计所有更深入的分析都将采用一种历史维度。历史在非洲也很重要,因为我们需要研究非洲土著的过去和西方殖民的历史,这也是我们探究非洲未来发展的新规划的基础。

在第一章中,我将说明中国在新时代的发展,以

---

① 《商务部:二十年来中非贸易额增长20倍 中国对非直接投资增长100倍》,人民网,http://finance.people.com.cn/n1/2021/1117/c1004-32284880.html.——译者注

及"一带一路"倡议作为独特的"2.0版全球化"既有其当代根源，也有中国改革开放40多年来，以及此前时期的更深层次的原因。我将阐明为什么改革开放可以被视为一种"革命性改革"，及改革开放如何随着指导原则，即计划、市场、各种所有制领域和出现条件的变化而经历了多个发展阶段。

我在第二章将重点阐述中国的发展进程以及"一带一路"在中华文明长河中的长期性前提。在中国模式中，我们可以发现其尤其重视特定需求、利益和价值观，这些在基本的主体间性（Intersubjectivity）关系中已经制度化了。这种情况既适用于其国内发展模式，也适用于其与国外的互动。在此基础上我将阐明，作为中国现代化的更新版本，历史上的丝绸之路如何在"一带一路"倡议中再次焕发活力。我还将以中国与中东欧地区的合作来举例说明。这是一种独特的合作，因为中东欧地区拥有社会主义的历史经历，也有作为欧盟组成部分的当代经历。在这一实践中，中国发现东西方之间能够实现良好合作。这种通过相关方式、由世界主要大国之间的关系塑造的合作将是更广泛的全球互动的组成部分。

第三章将分析南南合作，特别是中国与非洲的合作。我关注非洲尤其是撒哈拉以南非洲面临的问题和发展趋势。首先,我对非洲从独立到目前在全球范围内发展轨迹的历史阶段进行划分,并对如何理解从后殖民主义到单边主义再到当代多边主义阶段的历史轨迹及非洲未来可能的发展趋势作出解释。其次,重点介绍非洲国家和整个非洲同世界上有影响的其他主要宏观地区的关系。我主要关注非洲与中国的关系,这是目前大多数非洲国家最聚焦的战略互动双边关系。我将强调在"一带一路"倡议下中非合作论坛建设的重要性,指出当前非洲发展中可能出现的新趋势。

从理论和实践角度看,在"一带一路"倡议等平台下分析包括历史渊源在内的中国的发展及中国在非洲的发展活动过程,是具有相关性的。然而,由于我的研究不可能去描述中国历史和当下数不胜数的具体细节,我将集中阐释与本书主题相关的主要概念和发展元素。这种方法以哲学为基础,建立在历史学、政治经济学和全球研究的阐释之上,有利于对复杂问题的理解。我尝试坚持中立立场,更好地说明新时代中国在其国内和全球的成功轨迹,重点关注中国和非洲发生相关变化的发展活动,及中国在世界舞台所产生的日益重要的作用。

目录

总序 / 001

致谢 / 001

前言 / 001

第一章　从中国的改革开放到新时代 / 001

第一节　最重要的改革 / 001

第二节　改革开放的指导原则 / 010

第三节　革命性改革及其阶段 / 014

第四节　改革开放的先决条件 / 024

第二章　从中华文明到"一带一路"倡议 / 027

第一节　中华文明独特的历史特征 / 031

第二节　中国模式的制度模式 / 041

第三节　从古丝绸之路到"一带一路"倡议 / 046

第四节　大国间的关系 / 056

第三章　非洲的发展与消除贫困 / 061
第一节　非洲独立以来的发展 / 064
第二节　非洲的主要影响 / 079
第三节　中非合作论坛 / 091
第四节　走向非洲的新发展 / 103

结论 / 113

第一章

从中国的改革开放到新时代

第一节 最重要的改革

新时代中国的发展及世界活动,包括在非洲的活动,都建基于中国语境。与其以往历史发展相协调的改革开放是必要条件。中国目前最具影响力的对外活动之一是"一带一路"倡议,该倡议已成为具有全球影响力的发展规划。2013年,中国国家主席习近平提出了"一带一路"倡议的诸要素,该倡议初具雏形[①]。当

---

① Xi Jinping, *The Governance of China II*, Beijing: Foreign Languages Press, 2017, pp.543-566.

这一倡议被正式宣布时,习近平也提及该倡议在中国中长期发展历史中的构成元素。这表明,"一带一路"倡议深深植根于中国几千年的历史。一般而言,社会中任何真正的、非异化的创新,都必须遵循历史形成的需求、利益、价值和可能性,而且这些创新需要在一个新概念框架内提出。

如果对导致当代发展活动的历史轨迹进行分析,我们可以划分过去的几个时期。首先,它们必定与1978年开始的、至今40多年的中国改革开放密切相关。当时,邓小平致力于寻求适用中国发展的原始版本。他很清醒地认识到,中国不能复制其他国家的制度,因为每个国家,尤其是每种文明都具有差异性[①]。此外,他也清楚地知道西方社会制度长期以来与殖民主义和各种剥削存在历史联系。特别是在19世纪和20世纪上半叶,西方国家借助武力大规模扩张殖民地。西方"民主国家"在第一次世界大战的自相残杀中崩溃,随后又将世界拖入第二次世界大战。后来西方国家被迫放弃其殖民领地,但并不甘心,在后殖民时期,仍不断试图操控其前殖民地,有时还为此部署

---

① Deng Xiaoping, *Selected Works of Deng Xiaoping (1965-1982)*, ICP Intercultural Press, 2015.

军事力量。

邓小平不想在中国引入这种模式。然而,他的确希望学习世界各地的发展经验,并以其作为灵感源泉。他对亚洲的发展路径很感兴趣,尤其关注日本和亚洲四小龙——韩国、新加坡、中国香港和中国台湾的现代化[1]。亚洲四小龙的面积虽然很小,但通过与西方国家合作,快速实现了工业化和后工业化的发展。但即便如此,其发展也是以东亚长期形成的文化和文明制度为基础的,这些制度促进了现代化的进程。

自青年时代到法国留学时,邓小平就试图学习西欧和美国的发展经验,他从这些国家中看到了现代化主要的长期发展路径[2]。另一方面,1991年苏联解体后,苏联人民生活水平的急剧下降也使他汲取了教训[3]。然而,即便在苏联解体前,邓小平也早就提出,中国虽然需要借鉴国外经验,但依然要走自己的路。

---

[1] Ezra F. Vogel, *The Four Little Dragons: The Spread of Industrialization in East Asia*, Harvard University Press, 1992.

[2] Benjamin Yang, *Deng. A Political Biography*, Armonk and London: M. E. Sharpe, 1998.

[3] Peter Nolan, *China and the West: Crossroads of Civilization*, London and New York: Routledge, 2019, p. IX.

四个现代化（工业现代化、农业现代化、国防现代化、科学技术现代化）思想产生于20世纪50年代，邓小平从1978年开始寻求一种与中国历史发展新时期相一致的方法，即中国面向世界的经济改革与对外开放。他通过对生产和商业进行全面革新来推进中国的改革开放。中国尤其以其廉价劳动力和工厂生产能力，与以美国和西欧为主导的西方国家和地区建立了务实的经济联系[①]。

在此，内外部模式间的关系很重要。当许多发展中国家被迫接受西方模式以期在全球范围内与之合作时，中国既能够融入全球经济，同时又能够保持和发展其自身更具适应性的内部模式。中国1978年的改革开放为"一带一路"倡议奠定了基础。1978年是非常重要的一个年份，这不仅仅是对中国而言。虽然中、美、欧作为合作伙伴都有自己的制度，但彼此也有某些特定制度相互重叠，并存在一些新的交叉领域。这些互动也改变了美国和欧洲经济。在这种特定的相互依赖及不同经济概念的融合下，产生了一种跨国的全球经济新模式：大融合（Great Convergence）。

---

① B. Góralczyk, *Wielki Renesans. Chińska Transformacja i jej Konsekwencje*, Warszawa: Wydawnictwo Dialog, 2018.

西欧和世界其他地区已经成为中国全球化的一部分，反之亦然。这种相互联系凸显了中美经济相互间的深度依赖，中美贸易摩擦中美国对中国加征关税所引发的问题清晰地表明了这一点。

邓小平是解决复杂问题的行家，他同意西方政治家的观点，将社会主义中国和资本主义西方的经济联系起来，并逐步提出了中国经济改革和对外开放概念，改革开放最初在中国某些特定地区尤其是深圳起步。因此，无论是社会主义者、共和主义者还是"自由派"，所有人都很满意。在1972年尼克松访华的基础上，邓小平于1979年对美国进行了具有划时代意义的访问，会见了吉米·卡特（Jimmy Carter）总统和国会议员。随后，他与其他西方政治家举行了谈判①。

这种合作建立在错综复杂、相互交织的不同经济制度基础上，与政治和国际关系合作有相似之处。1982年，邓小平就中英关于香港问题与撒切尔夫人进行了谈判。此外，他还与美国商讨台湾问题，与葡

---

① Helmut Schmidt and Frank Sieren, *Nachbar China*, Berlin: Econ Verlag, 2006; Benjamin Yang, *Deng. A Political Biography*, Armonk and London: M. E. Sharpe, 1998.

萄牙就澳门问题进行谈判。邓小平提出了"一国两制"概念。几十年来的发展已经证明,"一国两制"不仅是一个具有理论持续性的理念,而且在实践中也是有效的。"一国两制"成为人们的共识并取得成功。

剑桥大学的马丁·雅克（Martin Jacques）认为,1978年是20世纪最重要的年份之一[①]。在我看来,这一年与20世纪最重要的改革有关。中国提出了将中国元素与部分西方元素相结合的改革,并在实践中将其塑造成具体的中国新方案。在20世纪,只有两个年份赋予我们新的基本概念,即1917年和1978年。正是在这两个年份,出现了取代旧秩序的新选择。当始于1917年的苏联模式于20世纪80年代末90年代初在中欧以及1991年的苏联遭受挫折时,中国理念开始深入人心,并推动中国转型为世界第二大经济体（按名义GDP计算）。1978年中国的名义GDP是1500亿美元,2021年的名义GDP为16.4万亿美元,按购买力平价计算约为26.6万亿美元。按GDP（购买力平价）计算,中国在2014年初已成为

---

① Martin Jacques, "Cambridge Scholar Lauds Reform and Opening-up While Underscoring West's Ignorance of Nation", *Global Times*, 28/10/2018, http://www.globaltimes.cn/content/1124826.shtml.

世界最大经济体(参见图1)。这是140多年来(自1872年以来)美国首次丧失霸主地位。2021年,中国经济占世界经济的比重达到18%[①]。两百年后,中国以文明大国的身份重登世界舞台。

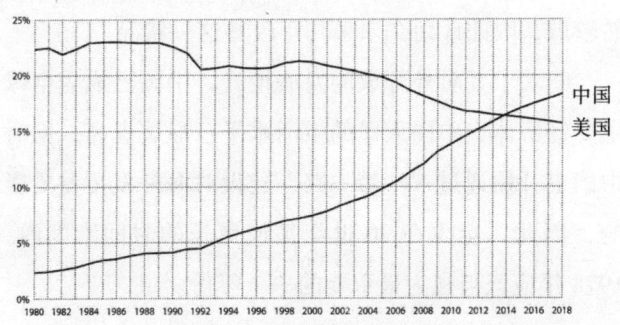

图1 中国占世界GDP的份额(按购买力平价计算)

最重要的是,"一带一路"建设使包括中国在内的世界上许多国家的10多亿人民的生活水平得到了前所未有的提高,这些并不是要掩盖普通人特别是穷人困境的抽象统计数字。正如我所指出的,在过去40多年里,中国已有8亿人脱贫,到2020年,中国

---

①参见《经济总量114.4万亿元、超世界人均GDP水平……2021年中国经济亮点!》,中国政府网,http://www.gov.cn/xinwen/2022-01/17/content_5668815.htm.——译者注

历史性地解决了绝对贫困[①]。这意味着社会权利获得极大提高[②]。如果考虑到中国14.2亿人口（根据联合国截至2019年数据），即占世界人口18.4%的体量，这一社会发展成就的确可称为"人类文明史上的壮举"。与此同时，中国政府深知很多人的生活水平仍然较低，因此计划在未来几年改善这一状况。

归功于其对外开放的发展模式，中国已成为全球主要经济体，中国人民的生活水平已显著提高，同时中国也开始通过"一带一路"建设对海外发挥重要影响，因此，至少在20世纪甚或更长的时间维度内，1978年应该被视为最重要的一个年份。

[①] Zhao Hong, "Graphics: Ending China's Poverty by 2020", *CGTV*, Oct. 17, 2019, https://news.cgtn.com/news/2019-10-17/Graphics-Ending-China-s-poverty-by-2020-KREfWKGkIU/index.html.

[②] Wang Weiguang, *Social Change in Contemporary China and the Theory of Social Contradictions*, Reading, UK: Paths International and China Social Sciences Press, 2015; Wang Weiguang, *Social Interests and Conflict: A Socialist Analysis of Contemporary China*, Reading, UK: Paths International and China Social Sciences Press, 2015.

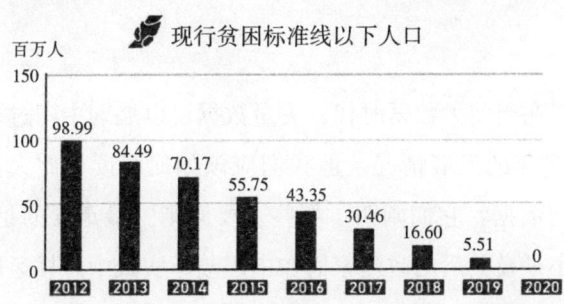

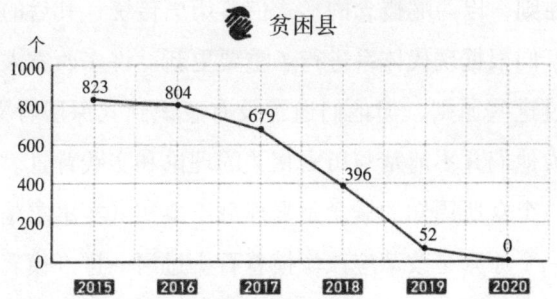

图 2、图 3 2020 年消除绝对贫困意味着什么?[1]

---

[1] 参见 Zhao Hong, "Graphics: Ending China's Poverty by 2020", *CGTV*, Oct. 17, 2019, https://news.cgtn.com/news/2019-10-17/Graphics-Ending-China-s-poverty-by-2020-KREfWKGkIU/index.html. 数据来源：中国国务院扶贫开发领导小组办公室

第二节　改革开放的指导原则

在当前大数据时代，大量数据可以展现中国过去40多年的发展情况。但我们应该如何解读如此大批量的数据？它们阐明了哪些主要原则？最重要的是，邓小平及其后的政治家们在中国改革实践中怎样运用了这些指导原则？邓小平提出的指导原则确保了政治体制稳定，并要求实现现代化。这些富于启发性的指导原则，以隐喻概念的形式借鉴历史传统，其后的政治家们根据现代体系进行了重要更新。许多西方人听说过这些原则，但他们通常没有意识到其深层含义，因为他们并不清楚与历史相关的理论和实践背景。其中一个众所周知的概念是真理源于事实（实事求是）。另一个原则是改革应该像摸着石头过河一样（摸着石头过河）。随着"一带一路"倡议的逐渐落地，政治家和其他利益相关者也会在当前背景下参考这些原则（主要是原则的政治经济方面内容）。

"实事求是"的说法最初源自中国经典历史著作《汉书》（成书于东汉建初年中，约105年）。从那以后，它被一代又一代思想家和政治家引用。在中国共产党领导人中，毛泽东首先使用这一说法，其后邓小平特别在其 1978 年发表的著名讲话中提出要"解放思想、实事求是、团结一致向前看"①。

《汉书》描述了中国在大一统后发展初期（前206 年至 23 年）的复杂历史，"实事求是"的说法旨在克服知识碎片化，揭示基本事件。在新时代，理论与实践相结合的思想变得非常重要。依据这一理念，哲学和理论必须与批判实践紧密联系起来，与遭受苦难的人民的实际需要紧密联系起来，与满足需要的成功且实用的方式紧密联系起来。

邓小平继承了这一知识传统。对"实事求是"的一种敷衍而直白的解读，通常是强调不要过多地研究规律性，而只看当前的实践，因为这会告诉你需要做什么。然而，这种解释过于简单化了，因为这涉及原始相对主义，邓小平并不认可这一立场。邓小平主张实用，但并不是说不讲原则。他对理论与实践间更深层次的实用性联系更感兴趣。邓小平强调原则性和灵

---

① Deng Xiaoping, "Emancipate the Mind, Seek Truth from Facts, and Unite as One in Looking to the Future, in Deng Xiaoping", *Selected Works of Deng Xiaoping*, Volume II (1975-1982), China Daily 2010/10/15 (orig. Dec. 13, 1978), http://cpcchina.chinadaily.com.cn/2010-10/15/content_13918199.htm.

活性二者都是必要的。当他提议在深圳建立经济特区时，人们对其正确与否拭目以待，但这却并非理论上的随意使然。邓小平所凭借的是此前的理论和实践经验，他尝试提出特定的理论概念，并通过实践证明其合理性。如果行不通，就必须试验基于对以往实践经验创造性评估的其他理论概念。由于这个概念确实通过了检验，因此可以应用到其他省份。因而，检验真理的标准是实践，这正是历史方法论的要求。邓小平在下面这句话中表达了他的立场："只有解放思想，坚持实事求是，一切从实际出发，理论联系实际，我们的社会主义现代化建设才能顺利进行。"[①] "一带一路"倡议也正在沿着类似轨迹推进。概念在实践中被检验，如果能够证明其自身价值，将被应用于其他地区和国家。

彰显升级版实用主义并需要人们在实践中检验概念的第二个原则是"摸着石头过河"。从1978年后的改革开放，到现在"一带一路"倡议的逐步形成，都是循序渐进的实验过程。这句名言既体现了对发展方向的追求，也包含努力使其具有适应性的意思。传统

[①]《邓小平文选》第2卷，人民出版社1994年版，第143页。——译者注

儒家学说《论语》中有"循序渐进"的思想，比如"智者乐水，仁者乐山。智者动，仁者静。智者乐，仁者寿"。这句话表明，在中国传统中，对水流变化的研究象征性地指代那些有教养的、能够采取行动的人。"摸着石头过河"并不只是盲目地寻找出路。这被认为是那些拥有足够经验的精英人士的活动，指的是改革领导层以及对当地需求和环境的尊重。

在中国，首次提出"摸着石头过河"思想是在1980年[①]，当时特指邓小平的经济改革，此后延伸至1984年后邓小平所领导的政治和经济改革。在对转型过程的这一描述中，需要识别和跨越的不是普通的石头，而是关键的石头，即作为改革成功的社会和文明先决条件的基石，同时也是作为改革进程本身主要阶段的里程碑[②]。

---

① 原文此处有误。20世纪50年代陈云等党和国家领导人以及20世纪60年代的中央正式文件、《人民日报》报道中都出现过"摸着石头过河"这一说法。更准确地说，"摸着石头过河"是邓小平领导的改革开放采取的并反复强调的鲜明态度和重要方法。可参见《"摸着石头过河"的来历》，人民网，http://cpc.people.com.cn/n1/2018/0412/c69113-29921565.html.——译者注

② 也有其他一些与邓小平的改革开放相关的著名说法，如"白猫、黑猫，捉住老鼠就是好猫"。其表达的思想与前述原则具有相似性。

第三节 革命性改革及其阶段

就第一个原则"实事求是"及第二个原则"摸着石头过河"而言,实用性体现为理论和实践的渐进方法(充分体现在第二个原则中)。社会变化表现在两个层面:首先,邓小平清楚地知道中国的社会主义已经有了一定发展,还需要进一步发展。他知道中国经济发展需要在之前没有拓展过的各领域完成。只有这样,才有可能更加坚定地走社会主义道路。因此,各种经济要素的转型是过渡时期的组成部分。在这方面,他遵循了马克思的观点。马克思认为:"无论哪一个社会形态,在它所能容纳的全部生产力发挥出来以前,是决不会灭亡的;而新的更高的生产关系,在它的物质存在条件在旧社会的胎胞里成熟以前,是决不会出现的。"[1]在此基础上,首先需要通过一种特定的中国式方法来补足之前缺失的因素[2]。邓小平的理论包括以下原则:"把马克思主义的普遍真理同我国

---

[1]《马克思恩格斯选集》第 2 卷,人民出版社 1995 年版,第 33 页。——译者注

[2] Tong Shijun, "Civilizing Tendencies of Capital and Limits Latent within Them", Academic Monthly, No.10, 2006, http://en.cnki.com.cn/Article_en/CJFDTOTAL-XSYK200610005.htm.

的具体实际结合起来,走自己的道路,建设有中国特色的社会主义,这就是我们总结长期历史经验得出的基本结论。"①中国模式不是尝试一种缺乏发展眼光的非历史理论。它是在马克思主义历史理论基础上,从历史和当前可能的发展机遇出发,面向未来发展的历史理论②。

其次,尽管之前革命主要与迅速、暴力、违反宪法的实质性变化相联系,而变革则与缓慢、非暴力、合乎宪法的局部性过渡联系在一起③,但对历史更详尽的研究表明,实际情况相当复杂。世界上许多似乎形式上符合革命定义的事件,实际上并未导致任何范式转变,在剧烈的革命之后,局势基本上回到从前,例如近年发生的所谓"阿拉伯之春"。它表现为一场"革命",但其结果只是一场"改革"。所以我们可以就变革性革命或改革性革命展开讨论。

相反,其他一些事件表面上具有改革的特点,但从长期看,却被证明是带来根本革命性变化的事件。

---

① 《邓小平文选》第 3 卷,人民出版社 1993 年版,第 3 页。——译者注

② Wei Xiaoping, *Rethinking China's Economic Transformation*, New York: Global Scholarly Publications, 2010.

③ G. A. Cohen, M. Scannella, "Interview", *The Philosopher's Magazine*, 1, 1997, pp. 38-42.

正如我们在《社会转型与革命》一书中指出的那样，有必要对变革性或改革性革命与革命性改革进行区分[①]。革命性改革是依据改革派路线相对缓慢地发生的事件，通常是在宪法框架下通过非暴力形式进行，但从长远来看，却可能是根本性的，进而通过革命方式改变整个体制。这方面的一个例子就是中国从1978年至今所发生的变化。这也是为什么邓小平在1985年3月说，1978年开始的中国改革开放是第二次革命（第一次是1949年中华人民共和国成立）。因此，这是一场改革，也是一场革命，即革命性改革。

因此，要将这一理念应用到中国语境中，关注改革的渐进过程就必须牢记更大的革命性目标[②]。它意味着，首先要完成过去没有充分发展的前几个发展阶段，其次要探寻具有高度相关深刻后果的渐进性变化。

具体而言，在中国语境下，我们可以说，理想化的、平均主义的薪酬原则被颠覆，自20世纪70年代末开始，人们有兴趣通过引入更大的激励机制来实现更高的生产率，从而强化了根据功绩和贡献获得薪酬的原

[①] Johann P. Arnason(eds.), *Social Transformations and Revolutions*, Edinburgh: Edinburgh University Press, 2016.

[②] David S. G. Goodman, *Deng Xiaoping and the Chinese Revolution: A Political Biography*, London and New York: Routledge, 2002.

则①。"按劳分配"成为社会主义第一阶段的一个原则。

从哲学视角审视政治经济的发展，中国的改革本身主要包括两个要素：所有权和资源配置。首先，国家计划（以及下级行政部门的扩展计划）与市场相辅相成。其次，共同（公共）所有制，特别是国有制，与私人所有制相辅相成。

至于私有制和公有制的结合，正如马克思所说，有必要接受资本暂时的文明化趋势（这并不意味着是资本主义）②："在资本的简单概念中必然自在地包含着资本的文明化趋势等等，这种趋势并非像迄今为止的经济学著作中所说的那样，只表现为外部的结果。同样必须指出，在资本的简单概念中已经潜在地包含着以后才暴露出来的那些矛盾。"③包括私有制在内的资本释放具有进步性，但也有局限性，并慢慢以矛盾形式表现出来。其后，这些矛盾必须通过进一步的社会主义发展阶段来克服。

---

① Wei Xiaoping, *Rethinking China's Economic Transformation*, New York: Global Scholarly Publications, 2010.

② Tong Shijun, "Civilizing Tendencies of Capital and Limits Latent within Them", *Academic Monthly*, No. 10, 2006, http://en.cnki.com.cn/Article_en/CJFDTOTAL-XSYK200610005.htm.

③《马克思恩格斯全集》第46卷（上册），人民出版社1979年版，第398页。——译者注

至于引入市场，邓小平对此进行了辩护，他说："计划多一点还是市场多一点，不是社会主义与资本主义的本质区别。计划经济不等于社会主义，资本主义也有计划；市场经济不等于资本主义，社会主义也有市场。计划和市场都是经济手段。"[1]他还说，"社会主义和市场经济之间不存在根本矛盾。"[2]

就中国的市场与社会主义间的术语关系而言，"社会主义市场经济"一词是在1992年中国共产党第十四次全国代表大会上提出的。这是对改革逐渐取得成功这一事实的认可。涵盖市场、战略规划以及公有制和私有制在内的更广泛的概念，是"有中国特色的社会主义"。这个概念的当代继承和超越版本是"新时代中国特色社会主义"，全称是"习近平新时代中国特色社会主义思想"。习近平在2017年党的十九大讲话中介绍了他的思想。经党代会通过，习近平成为其个人姓名与中国共产党的主要指导方针联系在一起的、仅有的三位中国领导人之一。

在中国，市场可以与计划相结合的另外一个原因

---

[1]《邓小平文选》第3卷，人民出版社1993年版，第373页。——译者注

[2]《邓小平文选》第3卷，人民出版社1993年版，第148页。——译者注

是，在中国古代漫长的历史中，市场一直是存在的，并由精英管理机构进行监管和培育。我将在后文讨论这一问题。引入市场并称之为市场社会主义，也不是一个词源问题。这也是因为在汉语中，与共产主义相关的术语在词源上是与所有权联系在一起的。这种情况与英语相似，例如英语"communism"的词根是"common"（或者"socialism"的词根是"social"）。中国共产党用"共产主义"来翻译"communism"一词，意思是"财产共有"。我们甚至可以在传统儒家哲学中找到共同所有制思想的表述，如儒家经典著作《礼记》所言："大道之行也，天下为公。"这句话用通俗的话来讲是"当大道施行的时候，天下就是人们所共有的"。在马克思主义经典著作中，曾提及生产资料共同所有权。在 21 世纪，这句话的翻译往往与中国政府的政策相一致："当大道施行的时候，全世界都致力于实现共同利益。"因此，公有制某些部分的连续性比复杂的公共规划的连续性更重要，当然，受调控的公共战略规划在此也是具有相关性的。

显然，中国不是在一天之内转变和开放的，而是经历了几个阶段，在这一过程中，改革诸要素逐渐证明其自身价值①。1992年邓小平视察南方时,曾谈到深圳发展的几个阶段。首先,20世纪80年代解决了社会问题,这意味着解决了基本社会保障和发展问题。此后,经济加速推进,以便在20世纪末实现总体小康。最后,通过继续发展经济,确保中国在21世纪中叶成为中等发达国家。与造成苏联转型(20世纪80年代中期戈尔巴乔夫一手推动的苏联转型,以及某些特定时期的政治改革)的政治家不同,邓小平认为,核心因素是改善经济。"核心是经济建设,它是解决国内国际问题的基础。"②

我们可以将过去40年的中国发展更具体地划分为四个基本阶段。第一阶段可以追溯到1978年改革之初。第二阶段始于1992年,在这一年市场的重要作用被官方化、制度化,市场与计划相结合的工作真正开始启动。第三阶段,从2001年开始,中国加入世贸组织,全面融入全球经济。中国对世界生产和贸易变得不可或缺。第四阶段在2013年提出"一带一路"倡议时开始,并一直持续至今。中国能够应对各

---

① Ezra F. Vogel, *Deng Xiaoping and the Transformation of China*, Cambridge, MA: Belknap Press of Harvard University Press, 2013.

②《邓小平文选》第3卷,人民出版社1993年版,第3页。——译者注

种阻力和趋势。总的来说，中国不仅融入了全球经济，还部分改变了世界生产和贸易。

众所周知，中国的改革始于农村改革。目的是提高农业生产率，因为人民公社时期农业一直停滞不前。在实践中，这体现为公社向家庭联产承包责任制的转变。这实际上赋予了私营部门更多空间。

随后工业领域也进行了类似改革，引入了双重价格体系来提高积极性。国有企业需要按照计划供应商品，但也可以按照市场价格在市场上出售剩余产品。管理是分散的，这意味着省、市和其他行政单位的官员在管理上市企业方面有更多的回旋余地。许多领域的计划都被精简了。此外，大多数部门都允许成立私营企业。外国企业也首次获得了参与及在中国投资的机会。1980年，深圳设立了经济特区，随后沿海省份的其他地方也相继开放。重点是出口生产的投资，这使中国发展成为一个重要的全球出口驱动型经济体。"一带一路"倡议正是以此为基础提出的。与国有企业相比，中国的私营企业在2005年首次达到国内生产总值的50%。[1]但应该考虑到，中国不仅有国

---

[1] 参见《非公有制经济背景材料》，中华全国工商业联合会，http://www.acfic.org.cn/zzjg_327/nsjg/jjb/jjbgzdt/200709/t20070905_3689.html——译者注

有企业，还有合作社以及村庄、城镇、城市、县和省级单位所有的其他集体企业。自20世纪90年代以来，金融业也受到调控。这方面的一个主要表现，是1990年和1991年上海证券交易所和深圳证券交易所分别正式开业。从20世纪90年代末开始，中国政府以"走出去"战略鼓励本国企业海外投资。"走向全球"逐渐成为中国国际互动的座右铭。

有几个主要原因推动了中国经济体制的成功转型。当今世界正在经历比19世纪所预期的更为复杂的发展进程。标准的趋同论并不能完全解释这一现象。即便如此，中国经济的快速增长仍然促进了趋同。在这里，我们需要找到如下一个问题的答案：是什么使这种增长成为可能？过去40年，中国改革开放背后的核心逻辑在于国际贸易不是在采用同一制度的两个国家之间进行的。西方国家和中国有着不同的政治和经济模式。正如清华大学李稻葵教授所强调的，中国政府以一种积极方式管理经济，这一事实被视为其经济快速发展的相关因素[1]。社会主义中国有两个显著特点。首先，归功于银行规则，由于中国对

---

[1] Li Daokui et al, *Economic Lessons Learned from China's Forty Years of Reform and Opening Up*, Beijing: Tsinghua University, 2018.

企业进行了大量投资,因此国家获得了巨额资本回报。与许多以西方为导向的国家(这些国家的利润依靠积累,但往往没有得到有效利用)不同,中国将利润反哺社会发展。现在,中国政府认为,人与人之间的不平等在一定程度上已经成为一大社会问题,这与改革之初中国面临的情况恰恰相反。当然,即便能够使得很多人的生活水平得到极大提高,精英管理方法仍然有其局限性。中国制定了一些(包括在中国发达的东部沿海之外的部分地区实施的)规划来改善这种状况,并计划在未来推动实施一种更加平等的方法。其目的是为了避免像韩国等国家一样落入中等收入陷阱。

其次,中国经济改革的成功源于"大国效应"。范围经济(Economies of Scope)是决定性因素。中国作为亚洲诸国中成功的典范之一,其发展特点是采用了一种更具影响力的模式——"飞龙模式"。通过汲取历史经验,这种模式将规模较小而价格低廉的生产方式和贸易伙伴整合成为一种重要力量。较之改革的某些方面,即相对于西方的比较优势以及利用外资和技术而言,通过对外开放进行实践学习的复杂过程显得更为重要①。中国人对教育和工作的精英认同在这方面发挥了作用。

正是由于中国经济的成功转型,才有可能将1978年称为中国的第二次革命的起点。正如我在前文指出的,这是一场没有立即发生的革命,而是在几十年的革命性改革进程中带来了重大变化②。"一带一路"倡议正是这一发展的结果之一。

第四节 改革开放的先决条件

现在让我们来看看"一带一路"倡议提出的更深层次的历史条件,这些条件往往被忽视。事实上,这些重要的历史环境也是必要的先决条件。我认为存在两个特定阶段:首先是辛亥革命发生后,1911年中国推翻帝制,以及此后的1912年至1949年动荡不安的中华民国时期。其次是1949年中华人民共和国成立直至1978年间的波折时期。

---

① Li Daokui et al, *Economic Lessons Learned from China's Forty Years of Reform and Opening Up*, Beijing: Tsinghua University, 2018.

② Johann P. Arnason (eds), *Social Transformations and Revolutions*, Edinburgh: Edinburgh University Press, 2016.

第一段时期之所以重要,与其说是为了建立新政权,不如说是为了摧毁旧政权(旧政权的终结并非一帆风顺)和驱逐外国势力,外国势力利用了旧政权结束后中国脆弱的政治局势。历经2000年的帝制被推翻后,出现了社会动荡,包括帝制的短暂恢复、军阀混战,以及由国民政府在上海屠杀共产党人而揭开的国共内战序幕。就国际和跨国议程而言,具有相关性的是日本入侵东北以及随后1937年至1945年的全面侵华,其中还包括日本在第二次世界大战期间在华犯下的恐怖罪行,这导致中国内生发展的外部环境被破坏,在中国民众心中种下了以强大的防御反击外国势力的意识。所有这些催生了一段不稳定的发展时期,扼杀了中国经济、政治和社会的现代化。

就建立新世界而言,中国当然很大程度上是建立在从1949年中华人民共和国成立到1976年四分之一多世纪间毛泽东所奠定的基础之上。为了超越旧的经济和政治制度,必须解决大量问题。中国的经济发展历经跌宕起伏,在当时并不具有全球重要性。与此同时,中国绝大多数人成功地实现较高的基本生活水平。比如,通过比较识字率和预期寿命,我们可以看到这方面水平是如何实现提高的。尤其在20世纪60

年代末,人们的预期寿命显著提高。1949年,人们的预期寿命只有40岁左右(统计数据从35岁到41岁不等)。到1978年,已经超过65岁(一些统计数据显示是67岁)。换言之,那时的预期寿命至少增加了25岁。此后又增加了10岁,2018年达到76.6岁[①]。当然,当标准已经达到较高数值时,不可能涨得太多。婴儿死亡率也有类似变化。

同样,如果中国民众缺乏文化素质,在1978年后的改革时代,就不可能有巨大的经济成功,也不可能实现生活水平的显著改善。1949年,中国人的识字率略高于10%,而1978年为66%——这是发展中国家实现的最大飞跃之一[②]。总的来说,与发达国家相比,人类发展指数也相对较高。

这些条件支撑着中国改革开放能够引入新发展模式。因此,也必须结合这些发展来分析中国版的现代化。

[①] "China – Life Expectancy at Birth, in Knoema", *World Data Atlas*, 2018, https://knoema.com/atlas/China/topics/Demographics/Population-forecast/Life-expectancy; *Population Growth in China*, Ricerca Geografica, 2010, http://ricercageografica.blogspot.com/2009/01/ricerche.html.

[②] William C. Smith and Devin K. Joshi, "Public vs. Private Schooling as a Route to Universal Basic Education: A Comparison of China and India", *International Journal of Educational Development*, 46, 2016, pp. 153–165.

第二章
从中华文明到"一带一路"倡议

围绕中国改革开放和"一带一路"倡议,还有长期的、高度复杂的历史前提。这些历史发展可以追溯到几个世纪前,在特定方面,甚至可以追溯到2000多年前。重要的是,至少要勾勒出最重要的概念和元素,才能看清中国作为一种特定文明的历史发展的更为广阔的图景。虽然中国现在的政治和经济体系与之前几千年不同,但仍然拥有所谓历史文明的连续性;与世界上大多数文明一样,当然也存在某些差异。文明被理解为包括多元社会(有时也包括国家)的超社会系统①,或特定经济、政治和文化领域的社会历史宏观形态②。它可能会在几个世纪或几千年里一直保持自己的特定特征,尽管这些特征会随着时间的推移而发生变化。特定制度和活动的更深层的社会和文明模式,跨越政治和经济体制,往往与社会行为体的意图无关③。

历史上曾有多个文明中心④。公元前800年至前200年左右,包括欧洲文明和中华文明在内的"轴心时代的文明"开始展现自身特征,且其中一些特征至今仍然有所表现。文明对自身特定的现代化形式具有重要影响。这就是之所以不是只有遵循西方模式的现代性,而是存在多种文明的多元现代化道路的原因。

这种解释拒绝传统欧洲中心主义的殖民主义统一

---

① Wang Mingming, "Civilizations and its Conceptualizations in Etnology, Social Antropology and Sociology", *Journal of China in Comparative Perspective*, Vol. 3, Issue 1, 2017, pp. 44-71.

② S. N. Eisenstadt, "The Civilizational Dimension of Modernity. Modernity as a Distinct Civilization", in S. N. Eisenstadt, *Comparative Civilizations and Multiple Modernities, II*, Leiden-Boston: Brill, 2003, pp. 493-518.

③ E. A. Gellner, *Plough, Sword and Book: The Structure of Human History*, University of Chicago Press, 1990.

④ Jack Goody, *The East in the West*, Cambridge: Cambridge University Press, 1996; Jack Goody, *The Theft of History*, Cambridge: Cambridge University Press, 2006.

现代性理论，该理论强调欧洲例外论，认为其他文明将简单地遵循其发展公式。相反，多元现代性都有自己的发展路径。比如，20世纪的苏联有苏联式现代化，我们也见证了日本自19世纪开启的日本式现代化。这有助于我们理解中国过去40多年的改革开放是一种特殊且独特的现代化，它遵循着中华文明长期的特定发展模式。

然而，个体文明的特定模式也通过内外部互动而发生变化，因为包括中国文明在内的文明不是孤立发展的。尽管历史上存在多个文明中心，但几个世纪乃至几千年来，诸文明之间尤其通过历史上的丝绸之路一直进行着紧密互动。"作为文明摇篮的欧亚大陆，是文明共存、互动之地。"[1]这种包容与排斥的辩证关系，使文明在其自身基础上保持着自身的特点，在与其他文明的互动中也形成了共同的（混合的、新的）特征。与此同时，各社会群体在自己的文明中制造例外，催生了文化的复杂性。

此外，作为整体的现代性也可以被视为一种新文

---

[1] S. N. Eisenstadt, "The Civilizational Dimension of Modernity. Modernity as a Distinct Civilization", in S. N. Eisenstadt, *Comparative Civilizations and Multiple Modernities*, II, Leiden-Boston: Brill, 2003, pp. 493-518.

明,它始于第二个千年中期的某个时候,并推动了开创性的文明变革①。现代性本身与各种不同的文明,以及不同文明中不同的现代性的具体模式相重叠。其后,多元现代性也带来了个体文明的新时代。

这种解释很复杂,可以归结为两种相关的理解模式:旧的还原论模式和新的复杂模式。首先是一种过时的观点,认为现代性只存在于西方,遵循殖民主义的方法,或者至少是一种以西方为中心的、伪普世主义的世界观。其他文明被一种东方主义的先验偏见解释为发展水平较低和不足②。其次是一种基于认同感、尊重和文明间方法的不同理解模式,它承认可能处于不同发展水平的社会现实的复杂特征。从这个角度来看,个体文明和现代性形成了自身的特定特征。与此同时,它们在塑造特定文明和现代性以及整个人类文明和全球现代性的共同特征方面发挥了作用。历史上的丝绸之路,以及作为其复兴和更新版本的全球"一带一路"倡议亦如是。

---

① S. N. Eisenstadt, "The Civilizational Dimension of Modernity. Modernity as a Distinct Civilization", in S. N. Eisenstadt, *Comparative Civilizations and Multiple Modernities*, II, Leiden-Boston: Brill, 2003, pp. 493-518.

② Edward W. Said, *Orientalism*, New York: Vintage, 2014.

第一节 中华文明独特的历史特征

当我们比较中西文明社会关系之制度模式的历史发展,特别是其经济思想和现实时,我们可以发现它们的出发点有很大的相似之处,尤其是在古希腊时期和中国先秦时期。尽管存在差异,但它们都具有这些新文明的重要特征,如积极评价农业发展、注重经济问题。它们都很重视并实践过公共机构模式。然而,在随后的罗马帝国和秦汉时期,我们可以看到第一次"大分野"[①]。罗马社会开始倾向于与个人相联系的制度模式,而秦汉时期的特征则是共同体中的人群或社会团体整体地、平衡地向前演进。许多西方国家的个人主义既有积极的一面也有消极的一面,在极端版本中,它导致了单一逻辑(非对话)的思维和行为。这种发展的最初迹象可以潜在地追溯到古希腊,我们可以在荷马的作品中追寻其踪迹。

当然,在罗马帝国崩溃之后,西方文明特有的个

---

① Zhang Shen and Zhang Yaguang, "The 'Great Divergence' of Chinese and Western Economic Thoughts: Based on Comparative Studies on Economic Thoughts of the Roman and Qin-Han Period", SASS Studies, Winter 2018, Vol. 12, pp. 68-96.

人主义特征减弱,出现了其他问题。然而,在18世纪下半叶工业革命期间的第二次"大分野"中,西方与中国在经济和政治思想与实践方面的差异甚至更大①。西方现代性致力于创新及其在实践中的应用,并再次加速了声势浩大的商业贸易的价值实现,这导致其出现了一个压迫性的殖民体系,而中国则保持着文明的连续性并反对西方殖民大国的领土掠夺。我们可以这样理解,个体和公共两个维度(以及其他)都能够积极发展,也都可能面临问题。对此我只提出了部分例子。我们不能将西方模式和中国模式仅仅简化到这一议题上,因为还有其他存在分歧的问题。即便如此,这一议题应该说体现了这些文明的主导趋势。

中华文明模式盛行了近2000年,直到大约200年前西方成功进行了工业革命,进而开始占据主导地位。从跨越几千年的中华文明历史长河来看,这只是一个短暂的时期。虽然在西方列强企图征服中国的殖民主义时期(如鸦片战争等)中国不得不忍受屈辱,

---

① Justin Yifi Lin, "The Needham Puzzle: Why the Industrial Revolution Did Not Originate in China", *Economic Development and Cultural Change*, Vol. 43, No. 2, Jan. 1995, pp. 269-292; Kenneth Pomeranz, *The Great Divergence: China, Europe, and the Making of the Modern World Economy*, Princeton: Princeton University Press, 2000.

也进而削弱了中国人对其传统体制的信心，但中华文明的重要特征得以留存，并实质上延续下来，这都将有助于在未来形成新制度的基础。

中国重要的、更早的长期性文明制度模式之一是努力平衡市场和市场调控。这意味着一方面保持市场的自发性，另一方面保持公共机构有利于人民富裕和福祉的行政纠偏作用。"一带一路"倡议的提出发生在中国改革开放之后，以中华文明长期的制度模式为基础，避免了两个极端，即拒绝市场和盲目崇拜不受限制的市场。这种制度模式不能想当然。

对苏联国家计划的经典模式、苏联占主导地位的国家所有制的运行及其中国版本进行比较分析，揭示了重要差异[1]。我们可能会问，为什么苏联这种模式的继承者们失败了，而中国作为曾经的继承者之一却能成功地将其变成了一种好模式？苏联和中国尽管在20世纪70年代拥有几乎形式相同的政治经济体制，但事实上两种体制不仅具有地域差异，而且更重要的是，它们是基于两种不同历史发展的不同的文明模式。尽管我不会过高评价长期性文明制度模式的重要

---

[1] Peter Nolan, *China and the West: Crossroads of Civilization*, London and New York: Routledge, 2019.

性，因为其他中期或短期的物质和规范影响（内生或外生）最终的作用可能更大（历史上曾经发生过这种情况），但其与历史上具有部分相关重要性的信用文明模式（Credit Civilizational Pattern）高度相关。

俄罗斯作为国家已存在了 1000 多年，历史上俄罗斯帝国被农奴制和军事控制的封建模式所束缚，往往由文化水平较低的农奴主进行地方管理。从 17 世纪末开始，彼得大帝就试图将俄国欧洲化，他在圣彼得堡及其周边成功地建立了高度文明的城市。19 世纪 60 年代以来，重要的现代化已经开启，但商人仍然受到沙皇和封建领主的控制，在 1917 年俄国革命之前，工业几乎只在圣彼得堡和莫斯科有所发展。

列宁改变了俄国的体制，将他的政治和经济哲学建立在国家所有制主导的中央集权计划经济的基础上。在 20 世纪发展进程中，由于苏联的经济模式不如预期有效，受美国政治思想影响的戈尔巴乔夫开始奉行"公开性"和"新思维"政治哲学，这令他和苏共逐渐失去了对政治经济领域的控制。这导致了苏联制度的崩溃，最终国家解体。生产、贸易和大多数人生活水平下降，又导致了 20 世纪 90 年代俄罗斯的"转轨"（katastroika）。例如，1970—1975 年，男性的平均预期寿命为69.7岁,但在2000年下降至60.1岁,也就是说,平均预期寿命几乎缩短了10年[①]。

因此,在执政70年之后,苏联的政治家及其他重要人士很大程度上无法推进改革,因为他们被异化的西方政治模式所引诱,西方模式在俄罗斯毫无传统,也与当时俄罗斯的情况不相适应[②]。与此同时,俄罗斯也并未准备效仿中国。其中一个关键原因是,俄罗斯与中国不同,在1917年前的实践中俄罗斯没有自己充分发展的政治哲学(比如合理选拔行政官员等)和经济哲学(比如市场调节和战略调控等)的历史传统。1917年革命本可能使其超越帝国的沙皇模式,发展一种成功的现代模式[③],1989—1991年同样没有成功。然而,必须承认的是,在20世纪,苏联非常迅速地从落后的、只有部分工业化的封建国家转变为现代社会,建设工业基础设施,发展免费医疗和教育,消除文盲,为其公民建造现代住房,制造核武器,并成为第一个将宇航员送入太空的国家。在短短

[①] Peter Nolan, *China and the West: Crossroads of Civilization*, London and New York: Routledge, 2019, pp.22-23.

[②] J. P. Arnason, *The Future that Failed: Origins and Destinies of the Soviet Model*, London: Routledge, 1993.

[③] Peter Nolan, *China and the West: Crossroads of Civilization*, London and New York: Routledge, 2019, p.24.

几十年里，苏联实现了所有这些成就。然而，其发展大都是以特定的技术，而非必要的相互关联的复杂社会关系为基础。随后，在苏联最后时期，政客们异化的政治决策以及在人民和社会日常生活中缺乏与现代制度模式相适应的长期文明的适当的社会关系模式，二者相结合导致了内爆，而非成功的改革。

与首先进行政治转型、随后由于政治崩溃而无时间进行经济转型的苏联不同，中国一开始便专注于经济改革。中国面临的形势也截然不同，因为在1911年封建帝制终结后，它延续了中华文明先前治理的特定的重要方面（即便在20世纪部分时期有所中断）。没有必要详细分析中国几千年的历史，但有必要指出对今天至关重要的中华文明模式历史发展的几个关键特征。

"五四"一代从20世纪20年代开始发挥影响力1949年革命后，他们对中国旧制度的批判开始细化[①]。批判聚焦于帝制下遭受剥削的农民。虽然第一批历史学家深受来自苏联的思想影响的启发，但近几十年来，更深入的分析都遵循着对时代及其主要特征进行

[①] Zhao Lidong, "Feudal and Feudalism in Modern China", *Journal of Modern Chinese History*, 6, 2, 2012, pp. 198-216; Feng Tianyu, "Society of Imperial Power: Reinterpreting China's 'Feudal Society'", *Journal of Chinese Humanities*, No. 1, 2015, pp. 5-50.

更详细区分的需要，比如，其中就包括1978年以来出现的改革的新要求。

在这里，有必要首先对公元前221年前后中国历史上的不同的封建制度（即分封制和中央集权郡县制）进行区分，其中前一时期的制度马克思用"亚细亚生产方式"等概念来表述。在西方，尽管这一术语的确引起了人们对沿着不同于欧洲路线发展的19世纪亚洲的关注，但其运用仍然因对亚洲方法的低估而受到影响[1]。

中国分封制的显著特点是建立在统治者和地方诸侯权力分散基础上的等级结构。地方政府及其管理权掌握在贵族（公、侯、伯、子和男等贵族爵位）手中，就像周朝制度施行的那样。分封的土地不能通过贸易转让，这阻碍了社会发展。当这种由地方诸侯和农奴制构成的分封制在经济上枯竭、政治上崩溃之后，它被一种新的制度所取代[2]。

此后，臣子成功地为其经济等活动开拓了更大空间，而诸侯则通过与其他地方的联盟，想方设法统一中国。公元前221年，秦始皇统一中国，这与分封制

---

[1] Stephen P. Dunn, *The Fall and Rise of the Asiatic Mode of Production*, London: Routledge and Kegan Paul, 1982.

[2] Feng Tianyu, "Society of Imperial Power: Reinterpreting China's 'Feudal Society'", *Journal of Chinese Humanities*, No. 1, 2015, pp. 30-33.

的结束相重叠(相比之下,分封制在西欧一直持续到现代社会开启)。从下一个朝代(汉朝)开始,新的制度辅之以科举制①,即朝廷通过对古典哲学知识(儒学等经典)进行考试来选拔行政人员②。于是,新的儒家行政体制建立起来,并一直延续到20世纪初③。这一制度的特点是皇帝高度集权,土地可以买卖,以及行政人员管理郡县结构。

旧制度的一些残余保留了下来,但至多到唐朝时(从7世纪初开始),旧制度已经丧失了全部价值,有一定修养、能够担当治理责任的行政官员大大增加。科举制在隋朝(从6世纪开始)得以更新,后来在唐朝进一步完善,这对从中央到地方各级国家行政机构

---

① 一般认为,科举制渊源于汉代,创始于隋代,确立于唐代,完备于宋代。汉代实施的主要是察举制。——译者注

② Wang Mingming, "Civilizations and its Conceptualizations in Etnology, Social Antropology, and Sociology", *Journal of China in Comparative Perspective*, Vol. 3, Issue 1, 2017, pp. 44-71; Benjamin A. Elman, *A Cultural History of Civil Examinations in Late Imperial China*, Berkeley: University of California Press, 2000; John King Fairbank, *China: A New History*, Belknap Press: An Imprint of Harvard University Press, 2006.

③ 孔子生活在春秋战国时期,当时所谓的百家争鸣,使其有机会发展自己的思想。公元前221年中国实现统一后的帝制时代,特别是到西汉武帝时(前134年)孔子和其他学者的思想开始被奉为正统,孔子被称为圣人。所以儒家制度并非指战国时期,而是指后来的统一帝制时期。——译者注

中官员的素质以及更加公平地选拔官员产生了很大影响。这种任人唯贤的管理方式，以受过高等教育的士大夫阶层为基础，根据其专业治理能力通过国家考试选拔产生。传统上这类有教养的人被称为君子，可以粗略翻译为"绅士"。朝臣遵循儒家伦理关于官员对社会贡献的评价，通过在教育和行政实践中的功绩获得合法性①。统治者及其继承人如果能够公正行事，则被认为是顺应"天命"，从而赋予其合法性。各省的权力不在封建主手中，而是由有修养的行政人员掌握。根据"阴阳"的辩证原理，对市场以及经济和社会的其他方面进行调控，以实现"大同"。和谐与和平对中国和世界（天下②）都很重要。

当然，中国的帝制模式也包含社会地位的不平等结构，自现代以来这种结构已不再被接受。在私人领

---

① 一些西方国家受中国科举制的启发，从19世纪开始引入官员考试（首先是英国，然后是法国、德国等）。然而，中国在20世纪初迫于西方列强的压力，为了实现现代化，矛盾地废除了科举制。——译者注

② 2018年12月31日，中华人民共和国主席习近平发表新年贺词，他在现代版本中使用了"天下"一词："当前，各方对人类和平与发展的前景既有期待，也有忧虑，期待中国表明立场和态度。天下一家。中国作为一个负责任大国，也有话要说。中国坚定维护联合国权威和地位，积极履行应尽的国际义务和责任，信守应对全球气候变化的承诺，积极推动共建'一带一路'，始终做世界和平的建设者、全球发展的贡献者、国际秩序的维护者。"——译者注

域，存在男尊女卑的地位不平等，以及压制其他家庭成员等问题，这与西方传统保守制度下的情况类似。社会地位的不平等关系也在整个社会重新出现。皇帝、士绅和其他下层社会阶级之间等级森严的从属关系在国家层面盛行。尽管建立了学者或官员身份不能继承的行政制度，但行政职位很大程度上在士绅等精英社会群体中产生，与农民和其他地位低下的社会群体不同，士绅有很多方法支持和教育其后代。然而，即便这样，也促进了比（例如欧洲国家）农业社会更大的社会流动。从理论上讲，通过考试得到官职以获得社会承认的努力，使个人、家庭和社会团体对社会的贡献超越其原生社会地位，同时获得部分回报。

与西方其他社会一样，旧体制中存在问题的方面被抛弃，积极方面被复兴，并作为现代新体制的组成部分重新表述[1]。自1978年以来，这一点尤其体现在中国的精英管理方法上。1978年，邓小平及其支持者在经济和政治上坚持社会主义模式，根据精英原则通过恢复高考[2]、重新选拔国家行政人员，以及重新

---

[1] Stephen C. Angle, *Contemporary Confucian Political Philosophy: Toward Progressive Confucianism*, Cambridge, UK: Polity Press, 2012.

[2] 恢复高考的准确时间应为1977年10月12日。——编者注

定位农村外出务工人员的身份来改进这一模式。

1978年后,中国也受到了西方和世界各地其他现代化类型的积极影响。与公民相对独立的盎格鲁-撒克逊模式形成对比的是,北欧国家与中国一样,重视对市场和其他要素的监管,以实现社会繁荣及公民的社会需求,当然中国作为一个发展中国家,是在较低发展规模和自身体制内进行监管的。中国开始探寻自己的"道",即在包含多元现代性和文明的世界大家庭中发展自身特定的现代性和文明模式。

第二节　中国模式的制度模式

至此,我已经从发展的视角(历史轨迹)解释了中国模式,而用主体间关系的制度模式来阐述中国模式同样重要,就像迄今为止的历史进程中所确立的那样,这些主体间关系同时(同步)并存。当代并存的现代模式与中华文明中特定历史时期社会主体间关系的长期性制度模式相兼容,这主要体现于精英们在教育以及家庭、社会、国家和经济工作中的重要性方面[1]。

---

[1] Daniel A. Bell, *The China Model*, Princeton: Princeton University Press, 2016.

目标是使和谐社会中人与人之间的相互关系制度化。作为一种政治经济体制,其特征首先表现为市场和战略计划相结合,其次是私有制和公有制相结合。正如我在前面说过的,这一模式简称为"中国特色社会主义"。中国模式独具特色,并与国外其他模式相互协调。

人际关系的公共确立植根于主体的主体间构成,主体的界定不是孤立的,而是体现于其相互关系,包括从社会中权利和义务的视角出发相互承认的努力,这与包括西方在内的其他文明类似[1]。然而,主体间关系在中华文明中有其特定的特征,这些特征可以用特定的社会哲学来表述。带来自我提升的自我修养,有望推动其他人的发展和修养提升。复杂而广泛的人性概念"仁",也可以翻译为认可或仁慈,换句话说,"仁"是这里的主要概念和价值,或者说是这组术语(特别是"义"和正确的行为"礼")的主要概念之一。"仁"以及其他关系的制度化,在后来的社会关系模式中被确立起来。

---

[1] 可以与阿克塞尔·霍耐特的承认理论进行相关比较,其解释了近几个世纪以来西方国家,尤其是德国社会关系的制度模式,参见 Axel Honneth, *Freedom's Right*, New York: Columbia University Press, 2015。

在传统的中国社会，通常认同三个社会关系领域：家庭共同体、国家共同体和世界共同体。经济领域逐渐被分割成为独立的领域。同样，从家庭中衍生出来并逐渐将某些因素与其他领域区分开来的社会领域，在某种程度上也可以被接受为独立领域。总之，如果进行更详细的分析，在承认一种更复杂的领域分布存在的同时，我们可以确定这一模式制度化关系中的五个基本领域，即家庭、社会、国家、经济和世界共同体。

首先，这些关系的制度化基于家庭关系的私域，即父母和子女之间的关系（"孝"的新版本），以及兄弟姐妹、祖父母、其他亲属之间以及相爱的伴侣之间的关系。长期以来，这个领域在中华文明中具有基础性作用。精英是在家庭中培养出来的，这导致中国传统文化以及整个东亚对教育高度重视。其次，社区和社会中存在制度化关系，特别表现在家庭之外不同世代成员之间尤其是老一代人之间的友谊和人际关系，以及睦邻关系、公民之间的关系等。在这里，我们可以再次看到人们对全社会同等的精英化贡献。这根植于社区和人们之间的同心协力。第三种关系可以在国家内部的法律和政治领域体现出来。这一结构的基础在于，地方一级的民主参与条件基本相同。确保公民和政府代表相互承认，以满足公民需求、利益的精英化结构和协商体制，这是为了在更高层级推行政策和实施法律。在特定意义上，这也是"天命"概念的现代演绎，这一概念阐明了政府在努力满足民众需求和利益方面的责任与合法性。第四种关系存在于经济领域，在这一领域中努力引入工作伦理，其中公民在市场社会主义界定的背景下发挥精英作用———一方面是受调控的市场和战略计划，另一方面是私有制和社会（国家、省、市等）所有制相结合，从而实现了更大程度的团结一致。消除贫困及提高所有人的生活水平是发展的目标。比较而言，对精英在工作中的高度认可，与中国（以及后来整个东亚）的工作伦理有关。这类似于新教在欧洲的工作伦理，其逐渐超越新教，成为西方世界对工作的主流认知。第五种制度化关系在国外和国际社会，即在中国境外的各种国际、跨国、地区、宏观区域和全球互动中有其具体的延续。在国际法及中国重视的其他法律制度范围内奉行的政策，应确保法律平等及包括联合国安全理事会在内的平等框架内尊重差异，并承担不同类型的责任。在此，我们可以指出发展援助与合作中的国际和全球团结关系，比如最近通过的"生态文明建设的中国方案"寻求用生态方法解决全球气候变化问题的努力，以及为国际和全球所认可、以（尤其是国家代理人推动的）精英化努力为特征的各种关系。

在这一框架内，可以单独列举国际、跨国生产和贸易的例子。中国将国际、跨国生产和贸易，与重视出口的国内经济紧密联系在一起。在过去几十年里，中国在全球供应链中主要贡献了廉价劳动力，并吸引外国投资。由于当时中国是一个社会发展水平较低的发展中国家，这一做法推动了其发展，同时，中国也通过将大量利润重新投资于企业以及为脱贫攻坚计划提供资金支持，坚持了内生发展道路。尤其是最近，人们要求对中国工人的工作在经济上给予更多承认，也就是说，更重视那些高附加值、高科技、生产自动化的工作。新时代中国特色社会主义与致力于实现人民生活水平显著提高的中华民族伟大复兴的中国梦紧密相连。

实际上，中国积极拓展国外市场的努力，有时会遭到各类国家组织、跨国组织和全球组织，尤其主要是西方寡头及其政治代表的歪曲和反对。比如，因贸易不平衡问题而与美国产生的贸易摩擦。众所周知，在此之前，西方的全球经济和政治模式已经面临周期性危机。20世纪80年代开启的西方版全球化掩盖了其内部矛盾,这种矛盾发展为危机和冲突只是时间问题①。以发展和满足公民需求与利益的名义为市场提供一个和谐发展框架的努力,往往被西方跨国公司尤其是银行对利润无节制的追求所中断,这些跨国公司和银行已经成为通过大规模放松管制和金融投机而引发全球经济危机的罪魁祸首②。现在是需要避免"修昔底德陷阱③"的时候了。"一带一路"倡议的提出,为建立更健康的全球经济提供了新动力。

第三节 从古丝绸之路到"一带一路"倡议

历史上的丝绸之路是中国内部长期发展的有机组

---

① Jerry Harris, *The Dialectics of Globalization, Economic and Political Struggle in a Transnational World*, Newcastle upon Tyne: Cambridge Scholars, 2006.

② William I. Robinson, *Global Capitalism and the Crisis of Humanity*, Cambridge: Cambridge University Press, 2014; William I. Robinson, *In the Tempest. Essays on the New Global Capitalism*, Haymarket Books, 2019.

③修昔底德陷阱,最早由哈佛大学教授格雷厄姆·艾利森提出,指一个新兴大国必然会挑战守成大国的地位,而守成大国也必然会采取措施进行遏制和打压,两者的冲突甚至战争在所难免。——译者注

成部分，中国发明并生产了诸多令海外着迷的商品。丝绸之路是一个跨越陆地、海洋的跨国路网，连接着从中华帝国到罗马帝国的各种文明、国家、民族和宗教。尤其需要指出的是，丝绸之路覆盖整个亚欧大陆，从东亚经中亚、印度、波斯和阿拉伯，绕过东非和北非及其周边海洋直达东南欧。虽然这条通道以丝绸命名，但也运输许多其他产品和发明，比如：众所周知的纸张、印刷术、指南针、火药、机械等。丝绸之路也要求改善大篷车和船只的保障和安全。丝绸之路用以进行商品交换，以及不同文明、文化、社会、哲学、科学、军事、政治及其他发明的联通、交流，从而成为寻求各种目标和利益的通道。

自公元前2世纪以来，丝绸之路也曾面临发展减速甚至中断。在这方面，讨论最多的事件是1433年郑和船队第七次下西洋回国后，明朝下令船队停航，一个可能的原因是朝廷担心商人壮大后会对其权力形成威胁。这个理由貌似比较合理。在此之前，中国船只在中国南海、印度洋、阿拉伯海以及通往马达加斯加及其周边地区的航线上成功地占据了主导。

丝绸之路的中断还有其他一些解释。丝绸之路在15世纪经历了严重衰败，主要因为当时的奥斯曼帝国封锁了航道,并且人们找到了从欧洲到亚洲的新的海上通道。于是此后重新复兴丝路的进程开启了,然而不幸的是在整个16世纪这一进程一直步履蹒跚,且随着丝路周边强国的衰落,到18世纪初最终走向终结。丝绸之路在经历了一个史无前例的漫长时代后支离破碎。丝绸之路之所以不可能重新复兴,是因为西方国家已经开始了它们的殖民探险,它们在亚洲实现了贸易控制。在丝绸之路被用于贸易伙伴之间的相互交流并取得正和结果的时候,西方殖民主义却给对华贸易带来了一种零和方法。尤其到19世纪时,西方列强意欲在全球贸易中占有更大的份额,并获得掌控权。

通过东西方相互促进的互动,丝绸之路为全球历史发展做出了巨大贡献。如果没有丝绸之路,亚洲、欧洲,尤其是非洲现在的发展可能截然不同,因为创新性产品主要是沿着从东方(中国、印度、波斯等)到西方的路径传播的[1]。其部分贡献最近也象征性地获得承认。丝绸之路的核心部分,尤其是跨越中国、哈萨克斯坦和吉尔吉斯斯坦的绵延5000公里的长安

---

[1] Peter Frankopan, *The Silk Roads: A New History of the World*, New York: Vintage, 2017.

(西安)至天山走廊通道网，已被联合国教科文组织批准为世界遗产。

"一带一路"倡议的目标，是继承古丝绸之路、以一种现代方式建立与世界的联系。这是一项宏伟的愿景，旨在加强亚洲、欧洲、非洲甚至拉丁美洲国家和地区之间的联系、交流与合作。其建立在共存合作五项原则基础之上，即互相尊重主权和领土完整、互不侵犯、互不干涉内政、平等互惠、和平共处。

"一带一路"倡议的提出既有长期性原因，也有当代原因。除了上述历史发展的连续性之外，它也是对2007年、2008年以来几乎蔓延全球的经济和金融危机后果的创新性回应，尤其是回应以美国为首的西方国家的危机——这场危机拖累了其他很多国家的经济发展。自危机爆发以来，西方国家对商品的需求呈下降趋势。由于经济以出口为导向，中国政府积极帮助，包括已经活跃在世界各地的中国企业以及其他刚开始走上这条道路的中国企业，使它们在全球取得成功。在西方市场历经多年不确定性之时，中国政府不仅积极推动和支持国内公共基础设施和其他项目建设，还积极参与国际建设。2013年"一带一路"倡议的提出，是适应21世纪的新形式，创造性重塑历史上丝绸之路的努力。如今,在大众传媒语境下,承载着近2000年骆驼商队在中亚和欧洲运输异国商品的历史的丝绸之路,又重新以积极和怀旧的内涵,捕捉了人们的想象力,提炼了合作共赢理念。2013年以来,"一带一路"倡议在欧亚大陆和东非地区的影响力排名第一。[①]其后,"一带一路"倡议也拓展到世界其他地方,成为一个全球性发展愿景。从全球性视角看,"一带一路"倡议与人类命运共同体理念密切相关。

人们总体上已经对"一带一路"倡议进行了深入阐释[②]。值得一提的是,伴随经济的对外开放,中国已经与多个国家和国际组织签署了100多项"一带一路"合作协议。在"一带一路"倡议下,各国间的商品交易量非常大。在该倡议实施的头五年,中国直接投资超过700亿美元,签署的工程项目合同价值超过5000亿美元。"一带一路"倡议还创造了20.1亿美元

---

① 参见《全球主要经贸政策中"一带一路"影响力最受认可》,中国网,http://sl.china.com.cn/2018/0322/36429.shtml.——译者注

② Wang, Y., *The Belt and Road Initiative. What Will China Offer the World in Its Rise*, Beijing: New World Press, 2016; Wang Jiwei, *China Connects the World. What Behind the Belt and Road Initiative*, Beijing: China International Press and New World Press, 2017.

第二章　从中华文明到"一带一路"倡议

的税收，创造了24.4万个就业机会①。众所周知的"一带一路"经济发展走廊连接着欧亚大陆。这里仅举几例，比如备受瞩目的连接布达佩斯（匈牙利）和贝尔格莱德（塞尔维亚）的铁路项目、之后有望在雅典建成的比雷埃夫斯港、围绕中巴经济走廊的项目等。2013年，在"一带一路"沿线成立了亚洲基础设施投资银行（即"亚投行"），作为亚洲及其他地区基础设施融资的开发银行。自那时起，亚投行成为世界银行和国际货币基金组织活动的有益补充。其他项目紧随其后实施。

虽然"一带一路"倡议加强了世界各地的联系，但其主要侧重于该倡议涵盖的区域，以及特定的宏观区域和具体项目涉及的区域②。在着重谈中国与非洲在"一带一路"和其他活动中的合作之前，我将首先谈一下中国与中东欧地区的合作。关键的平台是"16+1"合作，即中国与16个中东欧国家的合作。虽

---

① Lu Yanan, "China's Merchandise Trade with Belt and Road Countries Tops \$5 Trillion in 5 years", *People's Daily*, August 31, 2018, http://en.people.cn/n3/2018/0831/c90000-9496013.html.

② 我所依据的是中东欧国家"一带一路"倡议的相关比较分析，参见 Huang Ping and Liu Zuokui (eds.), *How the 16+1 Cooperation Promotes the Belt and Road Initiative*, Beijing: China Social Sciences Press, 2017, pp. 34-53。

然"16+1"合作可以从狭义上理解为2012年以来一个独立推进的议程,但它在"一带一路"的部分地区也发挥着重要作用。希腊以其具有战略意义的雅典比雷埃夫斯港加入该合作的事实,支持了上述观点。

中国和中东欧国家合作,起初是为了发展中国和中东欧原社会主义国家之间的战略对话与合作而发起的。与此同时,它也被视为是侧重于特定宏观区域的"一带一路"的组成部分。这包括投资、能源、运输、贸易、研究、教育、文化、环境等领域的各类项目[①]。迄今为止,在"一带一路"这样的合作中,中国一直强调互联互通、基础设施建设等的重要性。中国和中东欧国家之间每年举行一次政治领导人峰会以逐步推进合作,并会举行一系列学术会议和其他会议。这些活动有助于增加接触,克服过去的孤立状态。

联合国2030年可持续发展议程的全球规划与"一带一路"倡议高度契合。中东欧国家也积极致力于推动2030年议程。从这个角度看,中国—中东欧国家合作(CEEC)既可以视作中东欧国家对"一带

---

① Huang Ping and Liu Zuokui (eds.), *China-CEEC Cooperation and "the Belt and Road Initiative"*, Beijing: China Social Sciences Press, 2016; Huang Ping and Liu Zuokui (eds.), *How the 16+1 Cooperation Promotes the Belt and Road Initiative*, Beijing: China Social Sciences Press, 2017.

一路"的贡献，也可以视为其自身更广泛参与全球性议程的组成内容。"一带一路"及其国家合作是一个宏伟的愿景。当然，任何宏伟的愿景必然面临各种需要应对的风险。比如，人工智能、5G网络、物联网、网络安全、社交新媒体、国内和跨境电子商务的发展和应用带来的新挑战。建立一个类似世贸组织的、能够适应新议程的版本，即世界电子贸易平台（eWTP），可能是面临的挑战之一。然而，这些趋向既是挑战也是机遇，是任何发展、创新和进步的必要前提。这在很大程度上取决于如何利用"一带一路"来满足不同地方、国家、地区、宏观区域、文明和整个人类文明相关的人们的需求、利益和价值观，以及解决与环境的关系。

值得一提的是，尽管当代关于全球互动的主流实践和话语都强调合作伙伴间的竞争，但上述项目以合作为重点。中国—中东欧国家合作，以及"一带一路"倡议都积极推动这些项目的相关国家进行更多的战略对话、加强联系与合作。这两个项目都致力于将人们及其活动结合起来。中国—中东欧国家合作的重点是中欧、波罗的海国家和巴尔干半岛的宏观区域，以及这个宏观区域与中国的关系；而"一带一路"倡议的重点是亚洲、欧洲、非洲和拉丁美洲等更广阔的地域空间。在这两种情况下，中国及其合作伙伴都在进行长期性战略思考，并推动国际和跨国层面活动。

虽然这两个倡议存在许多相似之处，但也有差异，必须加以分析才能相互补充，从而说明中国—中东欧国家合作对"一带一路"潜在的具体贡献及潜在的协同作用。

首要的问题显然涉及前文提及项目的地域规模。"16+1"比4或5个大陆"+1"要小得多。

其次是内部一致性问题。一方面，"一带一路"倡议需要面对的是拥有迥然相异的历史、经济、政治、文化的国家，即便其中部分国家建立在欧亚遗产的历史基础之上。另一方面，中国—中东欧国家合作中16个国家的优势在于它们正在开展的合作很具体，并且不那么多样和分散。虽然这16个国家存在差异，但它们都曾有过社会主义建设经历并在1989年后向市场经济进行了经济和政治过渡。它们在部分意义上也与中国拥有相似经历，因为中国在1978年后也开启了改革开放进程。

第三，规模和内部一致性问题对各种合作都有影响。这些合作可能在中国—中东欧国家合作中表现得更集中、更成熟,但也可能只有在"一带一路"倡议更广泛、更强大的活动中才能真正得到充分发展。

以上三个区别使"一带一路"倡议更具特色。中国—中东欧国家的合作,能够激励"一带一路"倡议中其他地区和宏观区域开展合作。同样,与"一带一路"倡议中其他地区的合作,也能以不同的重要方式丰富"一带一路"倡议的其他具体特征。总的来说,它们可以相互影响、相互补充。

中欧国家,特别是V4①国家,即捷克、斯洛伐克、匈牙利和波兰具有特殊作用。近年来,V4国家在中国—中东欧国家合作中发挥重要作用。截至目前,V4国家加上罗马尼亚,占中国和中东欧国家之间贸易的80%左右。当然,合作形式很复杂,也包括其他领域,例如开展研究或人员交流。合作涵盖经济、金融、法律、教育、文化领域,涉及政治家、科学家、记者和许多其他领域的专家,当然还有普通民间的诸多合作。

当然,正如任何努力一样,在中欧以及更广泛的中国—中东欧国家合作和"一带一路"内部,显然

---

① 指维谢格拉德集团国家。——译者注

也有需要所有参与者一起应对的挑战①。合作组织成员仍要继续努力与欧盟和其他西方国家达成共识。"一带一路"成员既要与他们的合作伙伴交流,也要与中国交流。比如,如何重新安排与美国的关系、如何发展与金砖国家以及其他大小国家的关系等,这些对于"一带一路"倡议的进一步发展和全球发展都至关重要。

第四节 大国间的关系

中国现行的"十四五"规划,在"全面深化改革,构建高水平社会主义市场经济体制"部分,首先提出了继续改革开放的重要话题;随后,在第十一部分"实行高水平对外开放,开拓合作共赢新局面"

---

① Huang Ping and Liu Zuokui (eds), *16+1 Cooperation and the Belt and Road Initiative: Europe's Responses*, Beijing: China Social Sciences Press, 2018, pp. 97–108; Vladimir N. Cvetkovic, *The One Belt, One Road: The Balkan Perspectives. Political and Security Aspects*, Belgrade: University of Belgrade, 2016.

Vladimir N. Cvetkovic, *The New Silk Road: European Perspectives. Security Challenges/Risks within the Initiatives 16+1*, Belgrade: University of Belgrade, 2018.

中，具体阐述了对外和全球议题。该议程提出要进行以"互利共赢"为目标的国际和全球合作，共包含三个要点：更高水平开放型经济新体制、"一带一路"高质量发展以及全球经济治理体系改革。

重要的是要看到中国的规划、"一带一路"倡议及相关平台，与当代全球体系多极转型的关系，尤其是中国、美国和欧盟的关系。这三大力量主要在三个战略互动层面，尤其是通过合作、竞争和潜在的紧张关系来发展相互关系。在这些互动中，作为主要大国（或宏观区域）在关键活动中自主发展的战略主权概念，将是各层级连通性所建基的合适框架。战略主权之所以能够作为一个框架，是因为战略主权设定了合作与竞争的边界。

要更深入地理解这一点，有必要看到，在中美建立联系和相互依存的历史过程中，特朗普政府制造了技术、贸易、外交等领域的摩擦，并强调美国在这些领域拥有更大的主权，这导致了两国合作的部分破裂。从最近看，这与中国提出的双循环理念及更新有一定关系。

特朗普政府时期在贸易、技术、外交等领域造成的紧张关系在拜登政府中仍部分存在，即便是以一种更为文雅、更具多边导向的面目出现。对华关系的三个基本战略方法,是合作(涉及新冠肺炎疫情大流行、气候变化、核武器、某些贸易领域等)、竞争(涉及高科技、意识形态、其他贸易领域等)以及潜在的紧张关系(军事、战略高科技、意识形态的主要支柱等)。这意味着在当今实践中,一些生产和贸易部门将存在壁垒和限制。这将产生全球性后果,影响中东欧合作,而这一合作有利于我们理解包括政治、经济、技术等在内的当前全球体系多边转型的整个进程。

近些年,大国的"新时期"存在部分重叠。2021—2025年,中国进入第十四个五年规划;拜登政府的任期大约在2021年的同一时间开始,预计将持续到2024年;欧盟委员会主席冯德莱恩的任期则为2019—2024年。未来几年可能会出现比过去更复杂的全球互动。这既不是一种更宏大的线性全球化,也不意味着去全球化,而是一种取决于活动领域大大小小连通性的复杂发展态势。我们可以期待受新战略限制的合作与竞争。这些限制预计不再像最初那样由特朗普的对抗性单边倾向界定,而是由全球参与者之间更多的主体间互动来界定。这些首先由美国执行,其后为了开展更多合作而由中国和欧盟重新制定的路线，现在也在世界其他地区有所反映和体现。更复杂的全球关系涵盖大国及其他国家更大的相对战略主权。如果使用欧洲术语，我们可以用战略主权或战略自主权来表述这一概念①。战略自主权是最近主要源于网络安全及其他安全领域的主权理念，接近中国技术独立和自立自强的主权概念，以及更广泛意义上的"国际国内双循环"概念。这是主要大国在全球合作和竞争中对增强自立自强与弹性、减少战略依赖的吁求。面对美国造成的恶劣的全球环境，中国和欧盟等主要大国和组织在进行多边调适的过程中，战略自主权概念发挥了重要作用，它尝试将问题转化为优势，以积极的方式重新制定战略主权。中国和欧盟等国家进而逐步学会了如何在经济、政治、技术、安全等争端中保

---

① C. Michel, *Recovery Plan: Powering Europe's Strategic Autonomy*, September 2020, https://www.consilium.europa.eu/en/press/press-releases/2020/09/08/recovery-plan-powering-europe-s-strategic-autonomy-speech-by-president-charles-michel-at-the-brussels-economic-forum/; European Commission, *Shaping Europe's Digital Future*, February 2020, https://ec.europa.eu/commission/presscorner/detail/en/fs_20_278; *Multilateral Cooperation for Global Recovery*, February 3, 2021, https://www.consilium.europa.eu/en/press/press-releases/2021/02/03/rebuilding-consensus-for-an-international-rules-based-order-through-multilateral-cooperation/.

持自身的战略主权,以及如何在全球互动的新数字时代发展其他领域的共享主权和互联互通。

中国与欧洲国家及世界其他地区在相互承认的基础上发展多边合作具有新的可能性。在双边和多边关系中,尤其是在联合国、"一带一路"倡议以及未来中国和中东欧国家间的合作中,欧洲国家可以寻求经济、政治、技术、生态和跨文化等互联互通的双赢发展。在全球互动中,"一带一路"也将通过中国—拉共体合作、中非合作论坛等在拉丁美洲和非洲扩大发展空间。

第三章
非洲的发展与消除贫困

非洲在世界上的重要性近年来有所增加。非洲发展的部分原因是与中国的合作，尤其是在"一带一路"倡议范围内的合作。非洲人民发展进步的潜力基于其自身对需求、利益和价值的认知，并正在与来自世界其他地区的伙伴发展相互关系。提高非洲人民的生活水平以及实现非洲的发展一直是中非合作的关注点，这也是联合国可持续发展目标之一。迄今为止，非洲大陆内部在政治和经济上相对分裂，这主要是因为其过去受西方殖民主义操控，且现在仍然受到当代西方体系的严重影响。

最近,非洲国家和非洲联盟在经济和政治方面的世界地位有所提升。近几十年来,金砖国家及其他一些国家,在多样性的现代化进程中实现了经济增长,它们在多边背景下与非洲国家开展合作,这也是南南合作的组成部分。当然,最大的合作是与中国的合作。此外,持续的地方和全球安全关切一直是非洲关注的焦点,无论这些关切源自国家还是非国家行为者。西方大国已经意识到这些与非洲各国相关的内部和外部趋势,并且部分西方大国已经重新制定和强化了与非洲国家的关系[1]。

在第三章中,我将重点放在非洲,主要是撒哈拉以南非洲的发展问题和趋势上,以阐明非洲所认可的全球(主要是与中国)合作的社会、政治、经济和文化关系模式。首先,我主要对全球背景下非洲独立至今的历史发展阶段进行区分,以阐明如何理解从殖民主义和反殖民主义到后殖民主义、单边主义以及当前和未来多边主义的历史轨迹。其次,我将关注非洲与世界上有影响力的国家和宏观区域的关系。再次,我

---

[1] Odd Arne Westad, *Global Cold War*, Cambridge: Cambridge University Press, 2005; Sabelle Ogbobode Abidde (ed.), *Africa, Latin America, and the Caribbean: The Case for Bilateral and Multilateral Cooperation*, Lanham: Lexington Books, 2018.

将集中谈一谈非洲与中国的关系,即中国与大多数非洲国家目前最频繁的战略互动。

在本章结尾,我将基于非洲内部资源和国际启示,探讨一种非洲制度性模式的当前发展趋势①。这一模式既可以依据传统和现代的非洲方法在非洲内部完成,也可以通过深化和扩大多边互动,在与中国和其他国家的合作中实现。部分问题具有独特性,因为无论是国家、现代化、文化或者文明,都受到各种非洲和泛非背景的影响②。就全球关系而言,这些议题中有些具有共同的普遍性特征,有些具有独特性③。

---

① 我在本章中提到的非洲发展,指的是遵循非洲各种本土传统和现代方法的努力,而非自20世纪20年代起始的被迫发展状态。同样,与殖民主义强加的欧洲"文明"和现代化形成对比的是,现在致力于寻求的是包括非洲在内的世界不同地区的现代化、文化和文明的相互承认。

② Wole Soyinka, Samir Amin, Bereket Habte Selassie, Micere Githae Mugo, Thandika Mkandawire, *Reimagining Pan-Africanism*, Dar es Salaam: Mkuki Na Nyota Publishers, 2015.

③ Kwasi Wiredu, *Cultural Universals and Particulars: An African Perspective*, Bloomington: Indiana University Press, 1997; Ulrich Beck, *The Metamorphosis of the World*. Malden, MA: Polity, 2017.

第一节 非洲独立以来的发展

由于对不同时间段存在认识模糊或认识不准确,在政治实践和理论分析中常常产生误解。因此,我首先要对非洲历史发展轨迹的不同阶段进行区分。这是美国、欧洲等国家和地区之间争论的焦点。我解释这个问题的目的,是为了使从殖民主义垮台迄今的历史分期更加清晰。首先,我将后殖民时代划分为资本主义实验、社会主义实验和不结盟运动实验等几个阶段;其次,明确将全球单边主义界定为一个时代;再次是主要与中国模式相关的、世界日益多边化的时代;最后是未来在全面发展的全球多边合作中走向非洲模式的时代。当然,这些时代部分重叠。我将主要阐释每个时代的主导性趋势,同时也承认其他趋势不同程度地并行存在。

时代	时间段
(A)后殖民时代	象征性地起始于1963年
(B)单边主义时代	冷战后,从20世纪90年代开始
(C)多边主义时代	21世纪以来的发展趋势
(D)非洲模式的多边主义时代	即将到来的时期

首先我要说明，在前殖民主义时代，非洲的国家和非国家构成在相互交往，以及与邻近国家和更广泛世界交往的制度结构比较先进，而此后时期应该用**殖民**和**反殖民**这两个词来形容才恰当，因为仅仅使用第一个形容词会忽视对包括种族主义和奴隶制在内的野蛮殖民主义的反抗。在殖民主义统治下，经常发生针对殖民者的捍卫生存和基本需求的斗争，以及这些斗争中有组织的抵制行动[①]。尤其是在殖民主义的最后时期，殖民压迫体制及其代理人面临着系统性的争取解放的压力。非洲人民受到欧洲列强的压迫，欧洲列强通过奴隶劳动和贩卖奴隶，掠夺被占领国资源以及此后（主要是1885年"瓜分非洲"狂潮之后）通过系统性的殖民化来获取利润。这样，我们就可以理解，为什么本章把殖民主义和反殖民主义之后的时期统称为后殖民时代。

为了更好地说明其他术语，我们把多边主义解释为一系列国家或国家组织在国际和超国家组织互动中的合作，主要是国家、多边组织和临时性联盟间传统的长期合作。就标准形式而言，这些合作具有合法

---

① Franz Fanon, *Black Skin, White Masks*, New York: Grove Press, 2008.

性，但也可以有政治或经济的制度化形式。虽然多极化只有几个极，即几个超级大国，但多边主义是一个更具包容性和协作性的概念，其基础是更多国家和宏观区域的合作。多边主义得到中国以及包括所有非洲国家在内的非洲联盟的支持。

与多边主义相反，单边主义"是指选择退出（无论是现有的还是拟议的）多边框架，或单独而非选择参与集体行动来应对特定的全球或区域挑战的趋势"[1]。某一国家选择单边行动的目的，是为了追求其民族主义方法，而不想使自己受制于有约束力的多边规则[2]。这不仅包括一些单边行动，还包括试图通过单方面、选择性或不一致地参与那些试图寻求单边议程的多边机构，以削弱多边机构。因此，其倾向于

---

[1] David M. Malone and Yuen Foong Khong, "Unilateralism and U.S. Foreign Policy: International Perspectives", in David M. Malone and Yuen Foong Khong (eds.), *Unilateralism and U.S. Foreign Policy*, Boulder, Co, Lynne Rienner, 2003, p.3.

[2] John Gerard Ruggie (ed.), *Multilateralism Matters: the Theory and Praxis of an Institutional Form*, Columbia University Press, 1993; Hisahiro Kondoh, *Unilateralism versus Multilateralism? Emerging Countries and Emerging Multilateralisms*, North-East Asian Development Cooperation Forum (NEADCF) 2019: Reinventing Multilateral Cooperation and Roles of Northeast Asian Countries to Achieve SDGs: Amid Rises of Unilateralism. JICA Research Institute, Tokyo: September 27, 2019.

单边发展。

为了对当代的多边趋势与许多基于地方层面的完全多边的未来全球合作进行区分，可以使用"多方"（Polylateral）一词[①]。多方主义意味着多边趋势，即包括世界上基于地方、区域和宏观区域社会的多重互动得到充分发展。多方互动概念强调承认发展中国家以及之前被边缘化的宏观区域的特定条件和需要，承认其可持续发展及其在世界上的平等关系。

现在我们开始分析各个特定时期。首先，**后殖民时代**当然起始于已经获得独立的非洲各国殖民统治的渐进崩溃。众所周知，对非洲来说，具有标志性的重要年份是1963年，在这一年，非洲许多国家的殖民主义垮台。之后，随着殖民主义的退出，其他国家或早或晚地获得独立。非洲国家的独立为解放和进步开辟了新的可能性，其中包括中国提供的帮助及合作。更好的医疗体系、包括女性教育在内的先进的教育、基础设施建设等，提高了许多非洲国家的生活水平。这也与当时开始加速的人口增长有关。然而，一些国

[①] Geoffrey Wiseman, *"Polylateralism" and New Models of Global Dialogue*, Centre for the Study of Diplomacy, 1999.

家在全球冷战中转向了武装冲突的发展轨道①。

殖民主义崩溃后,非洲国家的发展道路不尽相同,其中一些国家拥有更多的选择,而另一些国家可选择的余地有限。其发展道路大体上可以遵循三种轨迹:1.社会主义实验;2.资本主义实验;3.尤其是不结盟运动中的中立性实验。这三条轨迹并不相互排斥,有时会部分重叠。在所谓两极世界中,这些实验相互联系,表现为与中国和/或苏联,以及与美国等前殖民国家不同程度的合作。当然,其他东西方国家也卷入了冷战期间复杂的互动网②。

应该考虑到的一个更细微的区别是,各种实验之所以采取不同形式,主要依据非洲国家与社会主义和资本主义合作的不同版本。非洲国家主要走的是以国家为主导的发展道路,包括土地改革和殖民企业国有化:首先是非洲社会主义,即在20世纪60年代获得独立后,尝试基于当地条件建立非洲版的社会主义,

---

① Odd Arne Westad, *Global Cold War*, Cambridge: Cambridge University Press, 2005; Oleksa Drachewych, *The Communist International, Anti-Imperialism and Racial Equality in British Dominions*, New York: Routledge, 2019.

② Philip Muehlenbeck, *Czechoslovakia in Africa, 1945-1968*, New York: Palgrave Macmillan, 2016.

坦桑尼亚、加纳和马里是典型的例子①；其次是遵循苏联模式的马克思列宁主义，具有代表性的是1975年开始的安哥拉，尤其是1977年后的埃塞俄比亚；再次是北非穆斯林国家的阿拉伯社会主义，以利比亚为代表②。姆瓦利姆·朱利叶斯·尼雷尔在坦桑尼亚建立乌贾马（即一种村社社会主义模式），穆阿迈尔·卡扎菲在利比亚建立阿拉伯社会主义的民众国（Jamahiriya），以及夸梅·恩克鲁玛在加纳、利奥波德·桑戈尔在塞内加尔所实现的发展，都是尝试创造非洲原创性现代化模式的典范③。就资本主义层面而言，必须区分在非洲各国实行福利国家的某些尝试，有的是与欧洲大陆国家合作进行的，有的带有古典自

---

① Godfrey Mwakikagile, *Tanzania Under Mwalimu Nyerere: Reflections on an African Statesman*. Dar es Salaam: New Africa Press, 2006; Chambi Chachage, Annar Cassam (eds), *Africa's Liberation: The Legacy of Nyerere*, Cape Town: Pambazuka Press, 2010; Matteo Grilli, *Nkrumaism and African Nationalism: Ghana's Pan-African Foreign Policy in the Age of Decolonization*, New York: Palgrave Macmillan, 2018; Sergey Mazov, *A Distant Front in the Cold War: The USSR in West Africa and the Congo, 1956-1964*, Stanford University Press, 2010.

② Ronald Bruce St. John, *Libya: From Colony to Revolution*, Oneworld Publications, 2017; A. M. Babu, *African Socialism or Socialist Africa?* London: Zed Books, 1981.

③ Shiera S. El-Malik, *African Political Thought of the Twentieth Century*, London and New York: Routledge, 2016.

由主义以及后来新自由主义的某些成分,也就是说,遵循诸多殖民主义内容(包括压制性的官僚统治)的各版本资本主义实验,仍然与英国这一前殖民大国的合作相关,宣布独立后的肯尼亚是一个重要例子[1]。

一些非洲国家曾(现在有时仍然)相对较多、非必要地依赖于前殖民国家。比如,西非和中非的法郎区仍然主要由法国主导[2]。那些试图切断这种新殖民主义做法并获得货币独立的非洲政治家,要么受到压制,要么被推翻。殖民主义对原生社会及其生活方式的奴役和破坏,以及强加的殖民管理模式和低收益的依赖型出口经济(这种情况在今天许多地方仍部分存在,尤其是在一些贫困环境下很难改变),产生了复杂的后果,带来了更大的殖民主义连续性问题[3]。对这些问题的批判性分析也应适用于法院,以便从前殖

---

[1] J. D. Barkan (ed), *Beyond Capitalism vs. Socialism in Kenya and Tanzania*, Nairobi: East African Educational Publishers, 1994; W. O. Maloba, *Kenyatta and Britain: An Account of Political Transformation, 1929-1963*, New York: Palgrave Macmillan, 2017.

[2] Demba Moussa Dembele, Carlos Cardoso, *Wither the Franc Zone in Africa?* CreateSpace, 2015.

[3] C. Young, *The African Colonial State in Contemporary Perspective*, New Haven, CT: Yale University Press, 1994.

民国家获得经济赔偿①。之后，这些赔偿可以用来支持前殖民地国家在获得独立后，立即基于本地需求和实践推进一种非洲发展模式，较之几乎没有任何治理经验的时代，这种本地实践更为老到。因此，殖民和后殖民研究也有望形成更具批判性的实践取向。

尽管批判的深度有待探讨，但关于这一时期的时间划分或多或少是一致的。但下一时期的时间范围需要更细化，因为分析家们并没有进行更进一步的时间划分，而是把独立至今的漫长发展轨迹视为后殖民时代，比如克劳福德·杨（Crawford Young）对此所进行的分析②。与之相反，人们普遍认可的一个重要历史分期是冷战结束。所谓"历史的终结"始于1989年东欧剧变，以及1991年横跨欧亚大陆的苏联解体。20世纪90年代在非洲新的地缘政治形势下，乍得、利比里亚、索马里、卢旺达、布隆迪、刚果（金）和

---

① Magali Bessone,"Colonial Slave Trade and Slavery and Structural Racial Injustice in France: Using Iris Young's Social Connection Model of Responsibility", *Critical Horizons*, 20, 2, 2019, pp. 161-177.

② C. Young, "The End of the Post-Colonial State in Africa? Reflections on Changing African Political Dynamics", in N. Cheeseman, L. Whitfield, C. Death (eds), *The African Affairs Reader*, Oxford: Oxford University Press, 2017, p.30. 主要是在西方国家,有许多当代的分析尤其是后殖民研究,都选择了这种方法,参见 C. 杨的分析。

刚果（布）等国爆发了内战，也发生了厄立特里亚—埃塞俄比亚战争。具有里程碑意义的节点，是1998—2003年大湖地区第二次刚果战争，即所谓非洲大战，许多非洲国家以及其他大国卷入其中①。这是二战后最大规模的武装冲突，造成540万人死亡，这也是这场战争被称为非洲世界大战的原因。美国在冷战期间曾支持蒙博托在刚果（金）的统治，而在苏联解体后中止了这一做法。美国非但没有支持其进行政治过渡，反而制造了混乱，最终刚果在内外部因素的作用下爆发了大战。20世纪90年代的上述事件开启了非洲新的第二个时期。这通常被称为后冷战时期，但这一说法并不完全适用于全球范围，因为即使在"冷战"期间，非洲和第三世界其他地区也发生过"热战"。冷战的说法源自世界大国，意指这些战争并未发生在其本土。

就时间划分法而言，确切地说，早在20世纪50年代和60年代非洲获得独立并开始进行非洲社会主义实验的最初阶段之后，一些非洲国家（无论是加纳、塞内加尔还是坦桑尼亚）要么迫于外部环境的压

---

① Ingrid Vik Bakken, Siri Aas Rustad, "Conflict Trends in Africa, 1989–2017", *Conflict Trends*, 6, 2018, Peace Research Institute Oslo (PRIO).

第三章 非洲的发展与消除贫困

力,要么出于本身的决定,在 1989 年东欧剧变之前,就已经被迫停止了社会主义试验①。其他或多或少自愿与苏联捆绑在一起,或者至少与其社会主义实验合法化相关的非洲国家,自 20 世纪 90 年代后,开始在变化的地缘政治背景下逐渐放弃这些实验,比如埃塞俄比亚②。在当今世界,只有几个社会主义国家是例外。

在冷战结束后,人们一度满怀希望地尝试利用这一突破,使公民更大程度地参与到非洲、欧洲等地的多党体制中。在南非,纳尔逊·曼德拉(Nelson Mandela)于 1990 年出狱,并在 1994 年当选总统,种族隔离制度在这个国家被废除。

然而后来多数国家的希望都破灭了。单边主义时代始于 20 世纪 90 年代,在这一时期,世界大部分地区的主要发展轨迹都受到美国影响。非洲哲学家阿奇勒·姆本贝(Achille Mbembe)在描述非洲国家和政

---

① J. D. Barkan(ed.), *Beyond Capitalism vs. Socialism in Kenya and Tanzania*, Nairobi: East African Educational Publishers, 1994.

② Vladimir. Shubin, *The Hot "Cold War": The USSR in Southern Africa*, London: Pluto Press, 2008; Radoslav A. Yordanov, *The Soviet Union and the Horn of Africa during the Cold War: Between Ideology and Pragmatism*. Lexington Books, 2016.

府的影响力下降时,曾谈到"私人的间接政府"[1]。在弱国家形势下,很容易爆发内部武装冲突。

即便当时美国因不再与苏联进行领土代理人战争而失去了对非洲的兴趣,西方中心主义趋势在非洲仍然占主导。与美国外交长期的独特性相关的单边主义倾向[2],构建了整个西方的基础。媒体在1989年后提出的"历史终结"口号,强化了西方的必胜信念。非洲被完全边缘化(如各种福利国家版本)或视而不见。

殖民统治的后果和连续性在非洲许多国家注定会继续缓慢消退,因此现在有必要分析后殖民制度的持续性层面内容。问题在于,各种殖民层面的连续性有时并不那么明显[3]。

2008年全球经济危机标志着这种衰退在内部和外部达到顶峰,这使得作为主导模式的西方新自由主义模式失去了合法性。世界银行前首席经济学家约瑟夫·斯蒂格利茨(Joseph Stiglitz)公开承认,西方在

---

[1] Achille Mbembe, *On the Postcolony*, Berkeley, CA: University of California Press, 2001, pp.64-101.

[2] Geoffrey Wiseman, "Distinctive Characteristics of American Diplomacy", *The Hague Journal of Diplomacy*, 6, 2011, pp. 235-259.

[3] William I. Robinson, *Global Capitalism and the Crisis of Humanity*, Cambridge: Cambridge University Press, 2014.

非洲推行的结构调整政策失败了[1]。北方(西方)和南方(东方)之间的全球鸿沟仍然存在。

2000年后,由于中国经济的崛起、俄罗斯的复苏以及其他金砖国家的发展,单边主义相对弱化了。这推动了多极化趋势,这种趋势已经转变为涵盖其他国家和整个宏观地区的一种更具广泛性、合作性的多边秩序。金砖国家伴随经济增长,已占世界GDP购买力平价的32%,占世界人口的40%以上[2]。如今,墨西哥、土耳其、印度尼西亚、肯尼亚和尼日利亚等国也不断实现新的发展。这些国家的兴起以及20国集团和77国集团的成立,意味着多边主义在逐步推进,尽管单边主义倾向仍在延续。因此,可以说,自2000年的第一个十年以来,一个新的多边时期正在逐步展开,这是这一周期内的第三个时期。

在这些新兴的多边趋势中,中国发展最快,其崛起是21世纪迄今为止最重大的全球性变化。因此,美

---

[1] Joseph Stiglitz, "Is there a Post-Washington Consensus?", in Narcis Serra and Joseph Stiglitz(eds), *The Washington Consensus Reconsidered: Towards a New Global Governance*, Oxford: Oxford University Press, 2008, pp.41-56.

[2] BRICS Information Portal, http://infobrics.org/, 26 March 2020; Chambi Chachage, Annar Cassam(eds.), *Africa's Liberation: The Legacy of Nyerere*, Cape Town: Pambazuka Press, 2010.

国竭力限制中国在全球价值链中的作用,并试图在军事上遏制中国。但这并不妨碍其他国家,主要是包括非洲国家在内的发展中国家,受到中国模式的启发。正是中国模式为日益多边化的世界提供的这一启示,标志着开启了新的时代。在许多非洲国家眼中,作为世界上最大的发展中国家的中国,是通过消除贫困、实现国内发展以满足人民需要的国家。在过去40多年里,中国帮助近8亿人摆脱了贫困[1],在如此短的时间内完成这一伟业,在人类历史上前所未有。这一成就以及(特别是)中国在基础设施建设(道路、铁路、港口、水坝、发电站、学校、医院等)领域取得的成果——该成果通过2013年启动的"一带一路"倡议已扩展到包括非洲在内的世界其他国家——使不少发展中国家受到启发。我想补充一点,中国与非洲国家早在2000年就已开始进行经济合作。那些从中国模式中获得灵感的非洲国家认为,这是国家与市场的结合。中国模式的战略规划和受到调控的市场发挥着重要作用。

第四个时期是对未来趋势的一种预测,即非洲人

---

[1] Graham Allison, "Beijing's Anti-poverty Drive Has Lessons for All", *Telegraph*, 28 August 2018. https://www.telegraph.co.uk/china-watch/society/decreasing-chinas-poverty/.

民将能够在一个完全多边（多方）的世界中充分发展非洲模式。然而，由于非洲幅员辽阔，人口众多，而且发展相当多样化，采用多种非洲模式这一说法可能更为可取，即便我们可能发现这些模式之间存在一些重要的重合。尽管不少非洲国家以及区域和宏观区域单位已在努力走自己的路，发展自己的模式，但目前只是刚刚迈出了第一步。希望这些做法能很快成为有成功可能的发展趋势。当然，它们的发展不是孤立的。这些非洲模式来自底层，来自以本土方式解决冲突的现代文化传统，并受到全球多种现代化（主要是中国和全球数字世界）的积极影响。人们期望其首先满足非洲人民的基本需要（许多非洲人的基本需求尚未得到满足），其后再满足他们的诸多其他需要和利益①。

有必要谈谈非洲联盟总部设在埃塞俄比亚首都亚的斯亚贝巴的象征意义。由于埃塞俄比亚在历史上从未受到殖民统治，因此严格来说，它不可能与殖民或

---

① J. Mbiti, *African Religions and Philosophy*, London: Heinemann, 1990; Kwame Gyekye, *Beyond Cultures: Perceiving a Common Humanity* (Ghanaian Philosophical Studies, 3), Washington: Council for Research in Values and Philosophy, 2004; Ulrich Beck, *The Metamorphosis of the World*, Malden, MA: Polity, 2017.

后殖民时代有关联。然而，正是因为埃塞俄比亚始终能够捍卫自身独立，它非常清楚自己作为一个从未被殖民的国家在非洲大陆的特殊地位。非洲联盟总部设在亚的斯亚贝巴，是努力克服殖民主义问题、迈向非洲历史新时代的象征。从具有标志性的1963年算起，非洲殖民体系崩溃已将近60年。在过去几十年里，非洲在不同时期呈现一些重要的历史发展轨迹，包括相关的里程碑和历史阶段①。

总而言之，后殖民时代和当今的殖民主义残余（正在逐渐消退的第一个时期），以及单边主义残余（即正在逐渐消退的第二个时期）之后，是充满希望的多边趋势（当前第三个时期，即过渡时期），这些趋势与中国和其他国家的合作及交流相对接（即将到来的第四个时期）。在第四个时期，非洲人民可以与世界其他地区的人民合作，发展自己的政治和经济组织模式，以满足其自身的需要、利益和价值观。

---

① C. Young, *The African Colonial State in Contemporary Perspective*, New Haven, CT: Yale University Press, 1994; "The End of the Post-Colonial State in Africa? Reflections on Changing African Political Dynamics", in N. Cheeseman, L. Whitfield, C. Death (eds), *The African Affairs Reader*, Oxford: Oxford University Press, 2017, pp. 30–56.

第二节 非洲的主要影响

在说明了非洲自独立以来的历史发展节点之后,接下来我将着重谈谈领土方面的问题,即对非洲国家与世界其他地区的国家和宏观区域之间相互作用的认识和误读,这在前面分析历史分期时我曾提及。

虽然前殖民国家不再对非洲国家进行殖民统治,但仍然以新的方式施加影响。之所以呈现这种新型关系,主要因为这些国家仍然是世界主要大国,即主导欧盟政策的西欧国家以及作为西方关键国家的美国。前殖民国家与其他国家的关系没有受到它们在非洲殖民统治历史的影响。其中一些国家自身也在与殖民大国做斗争,不得不设法重建与非洲国家的关系。在此,非洲国家与中国的关系非常重要,与俄罗斯的关系目前也正在恢复。此外,巴西、印度、整个拉丁美洲以及其他国家、地区和宏观区域也在发挥作用[1]。当然,非洲国家、非洲联盟与联合国的关系不应被忽视,即便它们不是本章的关注焦点,本章侧重于最有

---

[1] Dawn Nagar and Charles Mutasa(eds.), *Africa and the World: Bilateral and Multilateral International Diplomacy*, Cham: Palgrave Macmillan, 2018.

影响力的国家和宏观区域①。

就非洲国家而言,在经历了殖民主义在非洲的惨痛历史之后,其部分因素在后殖民时代存续了几十年,在这期间非洲国家一直努力实现自我解放。在冷战终结后,东西方集团在非洲的代理人冲突和战争偃旗息鼓。这整体上降低了欧洲国家对非洲国家的兴趣,当然仍存在安全关切,一些非洲国家的新兴市场也令它们饶有兴趣。与多边主义发展新趋势并行的是,欧洲代理人对非洲国家的兴趣开始恢复。欧洲国家(主要是前殖民国家)在实施人道主义以及开展援助与合作的同时,一直在寻求保持一些可能对它们有利的政治和经济影响。这主要是指法国和英国,继续令人不安地干涉非洲事务,在非洲法郎区和英联邦附属国扮演着值得商榷的角色。

诸多分析都谈到前殖民大国,这不仅指个别欧洲国家,还包括一个具有相关性的更大的组织。即便欧洲前殖民大国在非洲仍然保持着某些负面的、有影响

---

① Jr. James P. Muldoon, Joann Fagot Aviel and Richard Reitano (eds.), *The New Dynamics of Multilateralism: Diplomacy, International Organizations, and Global Governance*, New York and London: Routledge, 2011; Birgit Müller (ed.), *The Gloss of Harmony: The Politics of Policy-Making in Multilateral Organisations*, London: Pluto Press, 2013.

力的连续性，但欧洲联盟试图更好地发挥多边作用①。那些从来不曾作为殖民国家的欧洲国家也是欧盟成员国，尤其是中欧的前社会主义国家，它们从一开始就支持非洲国家独立。尽管所有欧盟国家都参与了问题重重的现行制度的建立，但非洲国家在与欧盟的合作中存在着正向的规范性潜力，未来这一合作的发展空间巨大。

为了使论述不流于一般，我将通过欧盟的规范性动议②来阐释其具体组织活动。自2000年以来，在欧洲联盟（欧盟）和非洲联盟（非盟）——即以前的非洲统一组织（非统组织）层面，组织了国家元首和政府首脑会议，当然此前已经进行过某种形式的区域和宏观区域合作。由欧盟和非盟组织协调的第一次非欧峰会于2000年在埃及开罗举行。《开罗宣言》及之后《行动计划》的通过，着眼于建立新型战略关系：非洲—欧盟伙伴关系。随后在2007年、2010年、2014

---

① Sonia Lucarelli, Luk Van Langenhove and Jan Wouters (eds.), *The EU and Multilateral Security Governance*, Abigdon, New York: Routledge, 2013.

② *Africa-EU Partnership*, 2020, https://www.africa-eu-partnership.org/en, March 26, 2020.

年和 2017 年举行了多次非洲—欧盟峰会①。最近一次首脑会议的主题是"为可持续未来投资青年",讨论了非洲面临的人口巨变及青年失业问题的应对方案,联合国相关文件也提出了这一问题②。该主题在一些具体的联合行动中受到关注。除了这些最高政治级别的峰会外,还有定期的部长级和委员会会议。

最重要的是非洲—欧盟联合战略(Joint Africa-EU Strategy),这是一个处理非洲和欧盟国家间关系的平台。该战略于 2007 年里斯本峰会通过,得到了非洲和欧盟国家以及欧盟和非盟的支持,经由峰会通过的行动计划和路线图得以逐步实施。10 年后,欧盟通过了复兴"非洲—欧盟伙伴关系"联合公报。同时,也提出了涉及非洲之角和萨赫勒地区的区域性战略。

2000 年,在贝宁科托努市通过的《科托努协定》,是非洲、加勒比和太平洋地区 77 个国家(其中包括撒哈拉以南的 48 个非洲国家)与欧盟国家(最

---

① 第二届非洲—欧盟峰会于 2007 年在葡萄牙里斯本举行;2010 年在利比亚的黎波里举行了第三届非洲—欧盟峰会;2014 年在比利时布鲁塞尔举行了第四届非洲—欧盟峰会;2017 年在科特迪瓦阿比让举行了第五届非洲—欧盟峰会。——译者注

② United Nations, Department of Economic and Social Affairs, Population Division, *World Population Prospects 2019*.

初是欧盟的 15 个国家）签订的协定。该协定主要关注减贫，目前来看还没有产生多大成效。因为协定还强调了其他议题（比如政治议题和人权）的相关原则，这分散了人们对贫困问题的关注。

与之类似，包括峰会在内的其他平台通常主要关注与欧盟相关的议题，如移民和民主等。对非洲国家来说，尽管与欧盟国家的合作很重要，但越来越重要的是与重视基础设施建设和社会发展的其他国家的合作。在欧盟内部，才刚刚开始反思这一状况，而其他国家（尤其是中国，但也包括其他国家）在这方面早已采取行动，且更有能力就合作达成一致。

至于其他西方国家，如扮演着关键角色的美国，在非洲大陆拥有强大的影响力，正如我在前面不同历史时期划分部分指出的那样，美国的影响力基于不同时代对非洲的不同态度[①]。在冷战时期的后殖民时代，美国支持采取反共立场的非洲政府，以及那些有可能采取这一立场的政府。同样，苏联支持其在非洲的意识形态盟友。非洲国家充当了美苏冲突的代理人，当然偶尔也会与其盟友发生冲突。20 世纪 90 年代，在

---

① Donna Rose Jackson, *US Foreign Policy in the Horn of Africa: From Colonialism to Terrorism*, New York: Routledge, 2017.

冷战结束后的一段时间里，美国减轻了对非洲国家的兴趣，因为其不再能够显著地服务于美国的利益。曾经有一段时间，美国认为自己能够单方面决定全球发展趋势，因此没必要继续采取这一方法。美国政府将与非洲国家的关系视为其针对世界所有其他地区的总体方法的组成部分，即宣扬自由化和私有化论调，而非关注基于不同背景的具体立场。但出乎意料的是，美国在1999年召开的第一次美国—非洲21世纪伙伴关系部长级会议上错失良机，虽然当时的美国国务卿会见了来自43个非洲国家的180名部长，宣布今后美国的对非经济合作与援助并重，但迟迟没有相关的具体行动，令非洲深感失望。"21世纪伙伴关系"计划失败了。

2001年9月11日后，形势突变，事实证明单边主义不是理所当然，美国不得不下大力气强化其在世界上的（政治、经济和军事）地位[1]。"反恐战争"中的安全化方法（securitization approach）开始被运用于非洲国家。随后上台的巴拉克·奥巴马总统，最初承

---

[1] R. Wedgwood,"Unilateral Action in a Multilateral World", in S. Patrick et al. (eds), *Multilateralism and U.S. Foreign Policy:Ambivalent Engagement*,Boulder:Lynne Rienner,2002,pp. 167-189.

诺改变与非洲的关系,这主要也是源于他的出身背景。比如,2014年,美国总统在华盛顿特区主办了一次特别峰会,即美国—非洲领导人峰会,来自50个非洲国家的政治家与会。当然,会议的主要关切点是美国主导的,即安全和投资问题。

在21世纪的第一个十年,布什政府开始面对受穆斯林国家影响的新兴多边主义,但只有奥巴马政府相对重视多边主义。主要发展中国家不断上升的多边趋势逐步出现。

具有开创意义的万隆会议,明确界定了非洲国家与发展中国家,即那些希望相对独立于冷战期间相互对峙的两大集团的国家的关系①。万隆会议是1955年在印度尼西亚万隆举行、非洲和亚洲代表出席的第一次重要会议,参加会议的29个国家占世界人口的50%以上。其中许多国家刚刚取得独立,期望与反殖民和去殖民化伙伴建立联系,以开展进一步的合作。这次会议形成了不结盟运动,其成员不仅包括发展中

---

① Mustapha Kamal Pasha, "The 'Bandung Impulse' and International Relations", in Sanjay Seth (ed.), *Postcolonial Theory and International Relations*, London and New York: Routledge, 2013, pp. 144-165; Luis Eslava, *Bandung, Global History, and International Law: Critical Pasts and Pending Futures*, Cambridge University Press, 2018.

国家，还包括欧洲的南斯拉夫，它们不想与冷战的任何一方为敌，而是希望实现更大程度的独立自主。

除印度尼西亚外，印度、巴基斯坦和斯里兰卡等前英国殖民地国家也是此次会议积极的联合组织者，中国也在会议中发挥了重要作用。自那时起，发展中国家与非洲国家一直以双边和多边方式开展合作[1]。尽管印度和非洲的一些地区（主要是东非），在古丝绸之路时期就已经由亚洲与欧洲和非洲之间的贸易建立起联系，但它们在反对殖民主义，主要是在反英国殖民主义的斗争中加强了联系。尽管在某些情况下，印度在非洲的存在被视为英国在非洲影响的延续，后殖民时代总体上是一个与不结盟运动相关的合作的时代。

南南合作，即发展中国家间的经济技术合作，重新唤起了人们对非洲国家的兴趣，这与金砖国家推动的多边主义时期密切相关[2]。印度作为金砖国家成员

---

[1] Myriam Saidi (et al.), *Recalibrating Development Co-operation: How Can African Countries Benefit from Emerging Partners?*, OECD Development Centre Working Paper, No. 302, Paris: OECD, 2011.

[2] *BRICS Information Portal*, http://infobrics.org/, Retrieved: 26 March 2020; Chambi Chachage and Annar Cassam (eds.), *Africa's Liberation: The Legacy of Nyerere*, Cape Town: Pambazuka Press, 2010.

国，发起了印非论坛峰会（IAFS）。自 2008 年以来，印非峰会作为官方的国际会议，国家元首和政府首脑出席，大约每三年召开一次，轮流在印度和非洲举行。峰会推动了在政治、贸易、投资、教育、医疗或发展援助领域的合作。虽然峰会为理解印度以及主要是撒哈拉以南非洲的共同需求创造了未来潜力，但社会层面的合作有限，因为自 20 世纪 90 年代至今，印度逐渐远离了福利国家和社会主义。

非洲同作为重要大国的俄罗斯开展了进一步的合作。在后殖民主义时代，尽管苏联与进行社会主义实验的非洲国家巩固了相互关系，但在冷战结束和 1991 年苏联解体后，这些关系逐渐冷却①。20 世纪 90 年代苏联解体，作为其继承者的俄罗斯自身也面临很多问题。大约在 2000 年后，由于新总统上台以及金砖国家多边主义的兴起，俄罗斯局势得以稳固。2014 年克里米亚并入俄罗斯联邦，美国和欧盟随后对俄罗斯实施制裁，这导致俄罗斯再次寻求与非洲进行更多接触。

---

① Vladimir Shubin, *The Hot "Cold War": The USSR in Southern Africa*, London: Pluto Press, 2008; Radoslav A. Yordanov, *The Soviet Union and the Horn of Africa during the Cold War: Between Ideology and Pragmatism*, Lexington Books, 2016.

2019年，在俄罗斯索契举行的具有开创意义的俄非峰会，表明俄罗斯与非洲国家之间的关系实现了新发展，峰会通过了宣言，涉及政治、安全、贸易、经济、法律、技术、人道主义和信息问题，以及环境领域的对话伙伴关系与合作机制。峰会参与国确实具有代表性。所有54个非洲国家都派代表出席了会议，其中有43个国家的代表是该国总统或总理。此外，3000多名企业和其他组织的代表参加了会议。此次峰会也充分表明，俄罗斯已经意识到世界诸多大国（主要是欧盟、美国和中国）与非洲建立了新的关系。俄罗斯与非洲国家的政治联盟，强调不干涉合作国内政，这直接针对的是西方一些大国以及国际货币基金组织、世界银行等国际金融机构。峰会《宣言》明确指出："共同努力打击国际贸易和经济合作中的政治专制和金融讹诈，防止个别国家独占判定其他国家间合法合作之适当性的权力；避免少数国家操控全球防扩散体系，对不受欢迎的国家施加压力，进行不公平竞争。"[①]

俄非合作当然有其经济潜力，因为俄罗斯对撒哈

---

① *Declaration of the First Russia-Africa Summit*, Sochi, 24 October 2019, No. 30, https://summitafrica.ru/en/about-summit/declaration/.

拉以南非洲的出口几乎为零，仅占其对外出口的1%多一点，对北非的出口也只占2%左右。由于俄罗斯是一个拥有强大武器研究和生产力的核大国和发达工业国家，近年来与非洲国家的合作在很大程度上是以保障地缘政治安全来实现武器贸易。比如，俄罗斯向尼日利亚提供武器打击博科圣地。俄罗斯在利比亚和中非共和国也很活跃。现在决定俄非峰会每三年举行一次，因此下一次峰会预计将在2022年召开。

近几十年来，非洲与拉丁美洲尤其是巴西之间的互动，成为越来越重要的参考点①。大约从2000年起，拉丁美洲的进步主义政府，特别是巴西政府，开始强调两大洲人民在与奴隶贸易相关的历史不公正时期遭受的共同命运。尤其是从西非向巴西等国输送奴隶，这是人类历史上最残酷的篇章之一。这些压制并非没有回应，而是面临持续的抵抗和英勇的反奴隶制斗争，当时发生了许多叛乱，比如在巴西逃亡奴隶居住的非法村庄（Quilombos）发生的叛乱。恩里克·杜塞尔（Enrique Dussel）对比进行了批判性描述：奴

---

① Sabelle Ogbobode Abidde (ed.), *Africa, Latin America, and the Caribbean: The Case for Bilateral and Multilateral Cooperation*. Lanham: Lexington Books, 2018.

隶制和殖民主义也是西方现代化的先决条件①。从哲学上讲，自我征服是笛卡尔现代式我思故我在的先决条件。杜塞尔鼓励巴西和非洲在南南合作框架内加强接触，以提高对这些历史问题的认识，推动修复二者关系的裂痕。对这一历史及非裔美国人的反思，也体现在巴西的各类文化活动中，尽管自2016年以来，巴西已经偏离了进步主义的合作轨道②。

当然，本书这一部分的篇幅很短，我无法完整叙述非洲国家与世界所有主要国家的关系。可以补充一点，具有全球野心的区域大国，即日本和土耳其，最近也与非洲国家举行了一次首脑会议。由于非洲大陆的人口增长及其相关的经济发展和潜力，这些首脑会议寻求在全球化的世界中对非洲大陆施加更大的影响。另外还可以补充一点，从历史上看，阿拉伯世界的贸易和文化（包括语言）影响，对非洲，尤其是东非地区非常重要。事实上，斯瓦希里语在非洲东海岸和相关地区的发展和传播就是一个有力的证明。非洲与阿拉伯世界的互动更广泛地说，包括贸易、宗教、

---

① Enrique Dussel, *Philosophy of Liberation*, Wipf and Stock, 2003.

② Niyi Afolabi, *Ilê Aiyê in Brazil and the Reinvention of Africa*, New York: Palgrave Macmillan, 2016.

文化、政治，甚至是武装冲突的影响，一直持续到今天。然而，由于这种影响制度化程度较低，因此需要一种不同于我在本文中使用的分析方法。

然而，最近与非洲国家关系最密切的是中国。凭借强劲的经济发展及满足人民基本社会和其他需求的各种社会方案，中国成为许多非洲国家效仿的榜样和合作伙伴。因此，我将把分析重点放在中国。

第三节 中非合作论坛

经由历史上的丝绸之路，中国与东非间的贸易来往长达几个世纪之久。在当代，中国与非洲国家的合作主要出现于后殖民时代。即便当时的中国还比较穷，还不是一个大国，但它通过非洲国家独立后想实现的各种发展项目来支持非洲国家，比如1970年到1975年修建的从赞比亚到坦桑尼亚的塔扎拉铁路（或乌呼鲁铁路，即斯瓦希里语的自由铁路）。特别是在2000年左右，中非合作开启新时代。中国作为世界上最大的发展中国家，一直积极致力于同世界其他发展中国家和地区的合作。与西方国家在殖民时代和后殖民时代以及20世纪90年代以来的单边主义时期的做法相比较，中国致力于同其他国家发展更好的关系。这突出体现在中非合作中。

虽然中国提出的中国模式不一定适合每个国家，每个国家或地区都可以发展自己的模式①，但众多非洲国家都受到中国模式的启发。正如我在前文指出的，主要通过发展建设项目以及自1978年以来使8亿中国人脱贫，中国式现代化在过去40多年里取得了巨大的社会进步②。消除贫困可以被视为中国式现代化具有全球性影响的一个方面。

中非合作之所以重要，源于一个显而易见的事实，即二者加起来约有27亿人口，约占地球上所有人口的三分之一以上，而且未来这个数字将会继续增加。从过去几十年的经验看，我们知道人口规模对发展中国家意义重大。最近，尤其在"新丝绸之路"即2013年"一带一路"倡议提出后，中国和非洲之间的合作有所深化。这种合作被称为"重建丝路"，即

---

① Yu Jincui, "China Model Not for Other Countries", *Global Times*, 23 July, 2019, http://www.globaltimes.cn/content/1158909.shtml.

② Graham Allison, "Beijing's Anti-poverty Drive Has Lessons for All", *Telegraph*, 28 August, 2018, https://www.telegraph.co.uk/china-watch/society/decreasing-chinas-poverty/.

"另一个中心发起的全球化"①,在经济、政治、文化、教育或科学等许多领域得到拓展。除了与所有非洲国家的常规合作外,24个非洲国家与中国建立了特殊的战略伙伴关系或全面合作伙伴关系。中非合作论坛(FOCAC)是这两大世界宏观区域拓展关系的长期性平台。中非合作论坛将中国和非洲联系在一起,非洲国家不仅可以与中国发展双边关系——在这种关系中,它们通常有很强的谈判能力,而且能够以此作为共同的活动平台。每次中非合作论坛都有各国主要领导人、政治顾问以及记者出席。这是重要的政治和经济会议,因其地缘政治和地缘经济关系的新的相关性而受到各大洲的密切关注②。

包括非洲联盟主席和非洲联盟委员会主席在内的几乎所有非洲国家的代表,都出席了2018年在北京举行的中非合作论坛峰会。这次峰会还邀请了27个非洲和国际观察员组织以及3500多名记者。联合国秘书长安东尼奥·古特雷斯(Antonio Guterres)以峰会特邀嘉宾的身份对此次活动表达了极大的支持:"本

---

① Melaku Malualem, "OBOR: What Is in It There for Africa?", *Discourse:Debating African Issues*, Vol. 1, No. 1, Jan–March, 2017, p. 138.

② Norbert Csizmadia, *Geofusion. Mapping of the 21st Century*, Budapest:PADA,2017.

次中非合作论坛体现了联合国的两大优先关注,追求公正的全球化和促进发展,在强大的多边机构支持下建立基于规则的国际关系体系。"①中非合作也是改善全球发展模式和全球治理,即另一种全球化的发展路径。古特雷斯补充说:"中国和非洲可以共同发挥持久和平、公平进步的潜力,造福全人类。"②这也与《2063年议程》和《2030年联合国可持续发展议程》精神相符合③。

中非合作建立在结构良好的组织程序之上。在较低层次上持续开展合作的同时,还每三年举行一次部长级会议。出席会议的主要是各国外交部长。第一次部长级会议于 2000 年在北京举行,有 45 个非洲国家

---

① Antonio Guterres, "Secretary-General's Remarks to the China-Africa Cooperation Summit", *The United Nations Secretary-General News*, Beijing, September 3, 2018, https://www.un.org/sg/en/content/sg/statement/2018-09-03/secretary-generals-remarks-china-africa-cooperation-summit-delivered.

② Antonio Guterres, "Secretary-General's Remarks to the China-Africa Cooperation Summit", *The United Nations Secretary-General News*, Beijing, September 3, 2018, https://www.un.org/sg/en/content/sg/statement/2018-09-03/secretary-generals-remarks-china-africa-cooperation-summit-delivered.

③ Ráhel Czirják, "Africa: 2050", *Hungarian Geopolitics*, No. 2, 2017, pp. 134–139.

的代表出席。每次会议计划根据当地需要，主题聚焦于发展、贸易、教育、医学、科学和技术合作。第二次会议于2003年在非洲的埃塞俄比亚的亚的斯亚贝巴举行，主要侧重于讨论基础设施、农业和商业问题。

会议在中国和非洲轮流举行，因此第三次会议暨首届"友好、和平、合作与发展"中非合作论坛峰会于2006年在北京举行。这次会议的一项重要成果是发布了《中非合作论坛北京峰会宣言》，目的是加强中非合作和提供发展援助。事实上，到2009年时，中国对非洲的发展援助翻了一番。第四次会议于2009年在埃及的沙姆沙伊赫举行，除传统主题外，还有全球气候变化和科学研究等全球性议题。第五次会议于2012年在北京举行，重点是对非洲可持续发展的投资、发展援助、非洲一体化进程、促进非暴力进步和文化交流。

接下来，以"中非共同进步"为主题的第六次部长级会议和中非合作论坛第二次峰会于2015年在南非约翰内斯堡举行，发布了《中非合作论坛——约翰内斯堡行动计划（2016—2018）》。该计划包括若干合作，涵盖政治经济合作、社会发展、医疗保健和公共卫生，以及消除贫困、环境保护和气候变化治理、教育和人力资源、科学和研究、文化合作等领域。

2018年9月，在北京举行的第七次部长级会议和中非合作论坛第三次峰会对现有项目进行评估，并计划在类似专题领域启动其他项目，这些项目现在应更系统地推进。此次会议的主题是"中国和非洲：通过互利合作，建设一个拥有共同未来的更强大的共同体"。中非共同体的共同特征在此被定义为共同责任、互利合作、各方满意、文化繁荣、共同安全及人与自然和谐发展。这些结论在相关文件中有所体现，具体阐明了今后三年将进行的主要合作。

首先是会议宣言，体现了中非双方对于合作以及地区和国际问题上的共识。其次是2019年至2021年行动计划，提出将采取新举措，重点强调非洲通过"一带一路"倡议取得发展进步。中国和非洲将在这三年推进八项发展倡议，涵盖工业支持、基础设施互联互通、贸易谈判、环境项目、支持教育、促进健康、文化交流等议题。最后，同样重要的是解决暴力冲突，促进和平共处[①]。

---

① Xi Jinping, *Full Text of Chinese President Xi Jinping's Speech at Opening Ceremony of 2018 FOCAC Beijing Summit*, Beijing: Xinhua, September 3, 2018.

举例来说，在医疗领域，中国将在非洲开发50多个医疗援助项目及设立连锁医院（中非友好医院）。在教育领域，中国将提供5万份政府奖学金，为5万名非洲参与者提供培训，另有2000名非洲青年将赴华开展交流项目。为了实现这些目标，中国将提供600亿美元的资金，其中包括给非洲最不发达的国家提供无息贷款。中国企业预计将至少投资100亿美元。

包括非洲在内的发展中国家走过了一段艰难的被殖民占领之路，西方国家很大程度上破坏了非洲的社会机构，并长期掠夺其人力（通常是奴隶劳动）和自然资源①。中国奉行"五不"的新不干涉理念②。虽然过去西方也提出了各种不干涉口号，但实际上转化为隐藏的干涉或伪保护主义。新不干涉理念由五个相互关联的部分组成：不干预非洲国家探索符合国情的发展道路，不干涉非洲内政，不把自己的意志强加于人，不在对非援助中附加任何政治条件，不在对非投

---

① Ebrima Sall,"The Study of Africa in a Multipolar World. A Perspective from Within", in Ulf Engel and Manuel Joao Ramos（eds.）,*African Dynamics in a Multipolar World*,Leiden,Boston:Brill,2013,pp. 195-216.

② Xi Jinping, *Full Text of Chinese President Xi Jinping's Speech at Opening Ceremony of 2018 FOCAC Beijing Summit*, Beijing: Xinhua, September 3,2018.

资融资中谋取政治私利。

新不干涉理念遵循合作共赢,与"四个不能"——任何人都不能破坏中非人民的大团结、任何人都不能阻挡中非人民振兴的步伐、任何人都不能以想像和臆测否定中非合作的显著成就、任何人都不能阻止和干扰国际社会支持非洲发展的积极行动。——密切相连。这也是非洲国家期盼与中国合作的原因。这为接续合作提供了新的可能①。

中非合作的具体成果是在中国改革开放的背景下取得的。由邓小平在 1978 年发起的改革是一项复杂的任务,面临诸多挑战。改革开放使中国人民的生活水平显著提高,尽管在这一过程中许多工人面对着恶劣的工作环境。中国在过去 40 多年里,使 8 亿多人摆脱了贫困,这是世界历史上任何其他国家在如此短时间内都未能实现的壮举。

中国的经济改革成果和贸易顺差使其能够向其他发展中国家提供发展援助和投资,并在文化、教育和研究领域开展合作。这对非洲来说是一个机会。联合国秘书长古特雷斯也提到,非洲可以从中国过去几十

---

① Ian Taylor, *China and Africa-Engagement and Compromise*, London:Routledge,2006.

年经济改革的成功中获益:"中国近年来取得了显著进步,贫困人口空前减少,我赞赏中国致力于通过'一带一路'等倡议分享其成功经验。"①

尽管中国正在与其他现代化国家开展合作(与非洲的合作相类似),但某些特定领域的合作以非洲最为典型。这尤其体现在消除贫困,社会整体进步,过去几年因全球气候变化而对环境可持续发展的更大关注,与议会进行更多政治合作以及加强法律机构和国际关系等方面。中国与非洲的合作并不附加特定条款,不像其他一些国家和跨国金融机构那样要求削减卫生和教育支出。所以,如今是重新定义非洲发展的时候了②。

就投资而言,中国已成为非洲最大的双边基础设施融资提供者③。过去几年间,中国一直是非洲最大

① Antonio Guterres, "Secretary-General's Remarks to the China-Africa Cooperation Summit", *The United Nations Secretary-General News*, Beijing, September 3, 2018, https://www.un.org/sg/en/content/sg/statement/2018-09-03/secretary-generals-remarks-china-africa-cooperation-summit-delivered.

② Kjell Havnevik, "Framing African Development-Challenging Concepts", in Kjell Havnevik, Terje Oestigaard, Eva Tobisson, Tea Virtanne, *Framing African Development*, Leiden, Boston: Brill, 2016, pp. 1–15.

③ The 2018 Beijing Summit, *FOCAC*, October 7, 2018, https://www.focac.org/eng/.

的贸易伙伴。2016 年,中国成为非洲最大的直接投资者。自 2000 年以来,非洲与中国的贸易额增长了 20 多倍,中国在非洲的投资增长了 100 倍[①]。中国主要在非洲建设港口、铁路、水坝、发电站和电信网络。中国支持非洲的建筑业发展,帮助其增加高附加值产品的生产。中国在非洲建学校、医院和其他社会设施。中国对非洲的农产品、其他工业产品、矿产品等原材料的开发很感兴趣。2005—2016 年间,中国已经实施了 293 个直接投资项目。这意味着创造了超过 13 万个工作岗位,说明其没有仅仅雇佣中国工人。例如,在"一带一路"倡议框架下,82 个海外合作区在非洲创造了约 30 万个本地就业机会。

新丝绸之路使加强和开展广泛领域的合作成为可能。在此可以列举一些项目。旗舰项目即从港口城市蒙巴萨到首都内罗毕的新铁路,已经于 2017 年在肯尼亚成功通车。之后,建设工程继续推进,该铁路从内罗毕延伸到奈瓦沙,并于 2019 年开通。此后附加了一个延伸到维多利亚湖的临时项目,并继续向南苏

[①] A. Havenga, "China's Growing Reach in Africa", *The Africa Report*, September 19, 2021; GT Voice, China-Africa Partnership Is Thriving amid West's Venom, *Global Times*, May 16, 2021.

丹、乌干达首都坎帕拉推进，后来一直到达了刚果民主共和国和卢旺达。还可以提及由中国进出口银行支持的曼比拉水电站建设，这是尼日利亚迄今为止最大的基础设施项目。

中非关系以合作而非竞争为基础。要理解中非之间的合作，最好反思一下这种合作的全球框架，以及发展中国家正在努力互帮互助的事实（南南合作）。在"一带一路"倡议下，在继续推进一些长期性历史合作外，中国聚焦于开展合作的世界各宏观区域①。为了开展这些合作，他们新设立或拓展了一些较早的具体协调机构：负责中非合作的"中非合作论坛"，服务于中欧和东欧17个国家与中国合作的"17+1"合作，负责中国与中亚合作的"中亚区域经济合作中心"，负责中国与拉丁美洲和加勒比国家合作的"中国—拉共体论坛"。还有中国与阿拉伯国家论坛、澜沧江—湄公河合作，等等。与此同时，与六大经济走廊的合作，比如中巴经济合作（CPEC），在亚欧之间地带得到拓展。

---

① Viktor Eszterhai, The Geopolitical Significance of One Belt, One Road from a Historical Perspective, *Hungarian Geopolitics*, No. 1, 2018, pp.74-85.

中国的宏观区域合作不是从零开始。中国以相关地区已经存在的区域和宏观区域机构为基础与之开展合作。就非洲而言,主要是涵盖所有非洲国家的非洲联盟,以及位于中国通往非洲之路上的东非共同体。总体而言,中国开展的宏观区域合作是一种特殊合作,既包括中国自己的宏观区域机构,也包括建立在现有双边、多边和全球(联合国)合作基础上的机构①。

当然,中非合作如任何其他互动一样,也包含某些需要克服的问题,如创造更好的工作条件、债务计算、环境保护等。所以总是有必要提出更多的项目,然后选择最佳方案。非洲各国政府在此也有开展活动的空间。总之,为更多的非洲人和中国人提供比过去更好的基本需求和其他需求,提供更高的生活水平,是中非合作论坛的长期发展规划。这是对"一带一路"倡议的重要贡献,也影响着中国和非洲与世界其

---

① He Wenping and Sven Grimm, "Emerging Partners and Their Impact on African Development", in Erik Lundsgaarde (ed.), *Africa Toward 2030: Challenges for Development Policy*, New York: Palgrave Macmillan, 2012, pp. 196–223; An Baijie, "Xi Reaffirms Significance of Multilateralism", *China Daily*, Dec. 4, 2019, https://www.chinadaily.com.cn/a/201912/04/WS5de6bbf3a310cf3e3557bbbb.html.

他宏观区域的合作。

第四节 走向非洲的新发展

尽管非洲的境况有所改变,发展潜力巨大,但它仍然是欠发达地区,内部分裂严重。世界上约40%的贫困人口生活在非洲。一些统计数据显示,这一比例现在甚至达到55%。据推测,非洲贫困率可能会"(从1990年的15%)上升到2030年的90%"[1]。这一背景,尤其加上非洲年轻人的大规模失业,造成对人们基本需求的长期误解。

让我们来看看最近出现的积极前景,以及未来可能进一步出现的情况吧。所有人之间社会承认的非异化关系的长期性发展,是社区、社会和更大组织单位的非压迫、非暴力生活的关键的先决条件。包容所有社会群体是没有任何形式压制的、平等发展的先决条件。从地方到全球的所有治理形式,包括非洲的治理,都需要这样来安排。

---

[1] *Africa's Pulse*, Vol.20, October 2019: *An Analysis of Issues Shaping Africa's Economic Future*, p.37.

与世界其他地区一样，非洲社会比大多数西方国家更重视共同生活。从哲学和社会学理论看，生活在相互承认主体间关系社会中，强调友谊、家庭、工作场所的关系，以及国家、地区、宏观区域、大陆、人类社会中公民和其他人在更大族群中的关系，一直是参与、团结、福祉，以及社会、经济、政治和文化正义的根源[1]。

当然，现代化强化了个人主义，在都市中尤其如此，但在非洲，就像在中国一样，个人主义通常也植根于更社区化的生活。个人赋权源于群体关系。这为真正解决经济、社会和其他问题——尤其是来自底层、来自参与性非洲土著的问题——以及与世界其他根源的关系问题带来了希望。

不仅承认的政治和经济关系重要，文化和跨文化关系也很重要。有必要分析当地的文化和哲学背景，无论是乌班图、约鲁巴、阿坎[2]还是其他。还需对语

---

[1] Ulrich Beck, Critical Theory of the World Risk Society. *Constellations* 16, 1, 2009, pp. 10–22; (2017). *The Metamorphosis of the World*, Malden, MA: Polity, 2017.

[2] Ubuntu, Yoruba, Akan, 意指非洲一些重要的文化和哲学传统, 如乌班图来自非洲南部祖鲁语或豪萨语, 意思是"人性""我的存在是因为大家的存在", 是非洲传统的一种价值观。——编译者注

言、文学和其他文化交往形式的作用进行分析，这些交往使得从地方到全球的联系成为可能①。

当人与人之间的某种相互承认被高估而损害了其他人的利益时，例如错误地排挤其他非社区成员，通常会出现包括武装冲突在内的病态的发展（例如，刚果民主共和国的蒙博托或乌干达的伊迪·阿明）。于是，部落主义或民族主义成为一个与民族解放中的积极解放过程相对立的问题。因此，在各种层次的正义间保持平衡具有相关性，因为人们为获得承认而进行的参与性斗争从地方发展到全球，这其中包括多种现代化、文化和文明。

在本章中，我已经指出，自殖民主义于后殖民时代终结以来，非洲已经获得长足进步。自那时起的30年间，世界发生了翻天覆地的变化，非洲内陆呈现充满希望的新机遇，在全球体系中也受到一些新的外部影响。20世纪90年代单边主义的出现，是冷战悬而未决的结果。尽管东方集团（苏联及其中东欧伙伴）退出了历史舞台，但其西方对手自那时起就缺乏足够的发展动力。新兴发展中大国（主要是中国）的

---

① Olabode Ibironke, *Remapping African Literature*, New York: Palgrave Macmillan, 2018.

逐渐兴起，自 21 世纪以来开始推动良好的、具有相关性的多边趋势，从而使单边主义政策逐渐遭到削弱。这是从单一宇宙向多元宇宙的过渡。

尽管我们经常会面对用西方中心主义方法来解释各种问题，例如解释全球范围内南方和东方国家的边缘化问题，但在分析具体时期时，说明与非洲发展相关的特定的里程碑年份，以及一些非西方观点是有重要意义的。比如，作为殖民时期和后殖民时期之间的一个里程碑，即 1963 年，这是许多非洲国家具有象征意义的独立年。就美国单边主义倾向的起点而言，可以追溯到 1989 年和 1991 年的东欧剧变、苏联解体，以及从 1998 年开始的"非洲大战"。多边时代的开启，始于 2000 年之后，当时全球范围内的南方和东方主要国家成立了包括南非在内的"金砖国家"。近年来非洲模式构建的相关趋势，体现了其未来一段时间的发展特征。

由于非洲大陆自身存在的弱点，来自外部的全球性影响在非洲通常比在其他大陆更强。正如我已经指出的那样，首先，非洲必须解决殖民主义残余问题。其次，它必须面对并不那么情愿退出的单边主义政策残余。最后，在积极的多边趋势背景下，非洲与世界各国——主要是中国合作——呈现更充分发展的多边（多方）倾向。非洲各宏观区域或地区，每一个非洲国家或某一国家，受这三种影响的程度各不相同。在某些地方，新的因素已经普遍存在；但在其他地方，至少在社会秩序的某些方面，传统影响仍然相对巨大。

非洲逐步尝试建立自己的社会、经济和政治组织模式，并且已在各层面取得了部分成功。尽管非洲从西方发达国家得到了一些启发，但这些启示被西方在非洲的长期干预主义倾向所削弱。而在南南合作中，亚洲和拉丁美洲还有其他一些例子可以效仿。比如，巴西率先采用的参与性预算，自20世纪80年代末以来，已作为具有积极意义的试验成果拓展到各大洲的诸多地区，包括非洲、欧洲等地都开始运用各种参与性方法[1]。非洲也从世界其他地区获得了灵感。

21世纪产生全球影响的最重要的事件，是中国

---

[1] L. H. H. Lüchmann, Participação e representação nos conselhos gestores e no orçamento participativo, *Caderno CRH* 21 (52), pp.87-97, 2008; Wassie Kebede, Getu, Melese Negeri, Dessalegn, *Insights from Participatory Development Approaches in Ethiopia*, Addis Ababa: Addis Ababa University, 2011; Boaventura de Sousa Santos, *The Rise of the Global Left. The World Social Forum and Beyond*, London and New York: Zed Books, 2006.

的崛起及其提出的"一带一路"倡议。作为发展中国家，中国是实现成功发展的样板，目前已成为世界第二大经济体，完成了现行标准下农村人口全部脱贫的任务，并令国内人民的生活水平显著提高。中国还通过"一带一路"倡议，在世界许多发展中国家设立了类似的项目。很多非洲国家充分利用了中国的这些投资，并受这一模式的启发，提出了自己的发展模式。

当然，无论就内部活动还是对外互动而言，不仅个人、社会团体和一些非洲国家，而且包括整个非洲地区和宏观区域都在开展相关活动。现在已经形成一些区域共同体：阿拉伯马格里布联盟（UMA）、萨赫勒—撒哈拉国家共同体（CEN-SAD）、东部和南部非洲共同市场（COMESA）、东非共同体（EAC）、南部非洲发展共同体（SADC）、中非国家经济共同体（ECCAS/CEEAC）、西非国家经济共同体（ECOWAS）等，以及规模更大的非洲经济共同体[①]。在55个非洲联盟国家中，有54个签署了一项新的贸易协议，该协议已对批准国生效。其目的是推动非洲国家间欠发

---

① Jonathan Bashi Rudahindwa, *Regional Developmentalism Through Law: Establishing an African Economic Community*, New York: Routledge, 2018.

达的、特定的内部贸易。非洲国家以及作为整体的非洲有自身特色,既存在一些具体问题,也面临发展机遇。

为了维护和平,非洲各国独立后采用了殖民大国强加给它们的边界。所有上述的区域和宏观区域一体化趋势表明,非洲各国正在加强相互合作。然而,边界问题是一个长期性问题,很难解决,并且已经引发包括武装冲突在内的诸多争端。

就更大的一体化发展趋势而言,作为整体的非洲大陆,也是一个具有泛非主义运动传统的相关宏观区域①。泛非一体化行动建立了非洲统一组织,后来又建立了非洲联盟②。非洲联盟的一些建设项目,得到了非洲开发银行等机构的支持。1963年是重要的一年,32个新独立的非洲国家签署成立了非洲统一组织。50年后,一个受到重新界定的泛非主义启发的新议程浮出水面,即非盟《2063年议程》。之所以制定这一议程,是为了到非洲独立运动100周年时实现重大进展。非盟《2063年议程》是一份"未来五十

---

① Wole Soyinka etc., *Reimagining Pan-Africanism*, Dar es Salaam: Mkuki Na Nyota Publishers, 2015.

② Mengiste T. Desta, *The Long March to African Unity: Achievements and Prospects*, Addis Ababa: Shama Books, 2013.

年的集体愿景和路线图",将会加速目前的发展行动,其涵盖消除贫困以及提供住房、教育、基础设施和推动整个经济发展等内容。其目标是实现"非洲大陆统一:加快区域一体化进程成为共享繁荣与和平成功的关键因素。包括人员自由流动、建立非洲机构和全面经济一体化在内的非洲的政治统一,将是一体化进程的高潮。到2030年,将就非洲大陆的政府和机构的组织形式达成共识"①。

泛非主义在理论上和实践中也可以采取多种形式,同时也不仅仅局限于非洲大陆②。它可以是发生在撒哈拉以南人民间的次撒哈拉泛非主义,可以是连接撒哈拉北部和南部人民的跨撒哈拉泛非主义,可以是关注大西洋两岸非洲人和非裔美国人之间联系的跨大西洋泛非主义,也可以是连接地中海南部和北部的非洲人和非裔欧洲人的跨地中海泛非主义,等等。这些更广泛的泛非主义形式已经形成了自己的传统。此外,上述泛非主义是具有包容性的,因为其中的有些人可能拥有多重身份。当然,这里主要关注的是非

---

① "Agenda 2063", Addis Ababa: Africa Union Commission, 2015.

② Ali A. Mazrui, "Ideology and African Political Culture", in Teodors Kiros (ed.), *Explorations in African Political Thought: Identity, Community, Ethics*, New York: Routledge, 2001, pp. 97–131.

洲，但也包括非洲以外的互动。

正如我在本章关于国家、区域和宏观区域的其他部分所指出的那样，非洲具有多元性。这就提出了一个问题：只有一种非洲模式就够了吗？根据联合国的预测，20世纪50年代，非洲人口约占世界人口的9%，预计到2100年，这一比例将上升至39%。这意味着，非洲从今天的10多亿人，到2100年可能达到三四十亿人，等同于20世纪60年代或70年代的全球人口数[①]。这些人当然会形成更多具有多元社会、政治和经济模式的主体间关系。重要的是，不仅要就单一模式达成共识，这一共识的建立以人们相互承认的基本规则为基础，以使共存与合作成为可能，而且还要就针对非洲大陆相互承认的多元人群的多元亚模式安排达成共识。当然，多元化不是指立即分裂甚至更大程度的分裂，而是在不同社区实现更多的正义（亚）模式。上述非洲目前存在的区域和宏观区域实体，实际上是各种（跨）现代化的潜在（亚）模式的例证。这些组织可以在非洲联盟及重新界定的联合国

---

① United Nations, Department of Economic and Social Affairs, "Population Division", *World Population Prospects 2019*, p.6, table 1.

的世界性安排中发挥作用[1]。但合作和一体化也将以网络为基础,因为未来社会的数字联系将更加广泛,之前毫无联系的伙伴之间建立跨区域和跨大陆合作将越来越成为可能。因此,既会有基于领土联系(在地方、国家、区域和宏观区域框架内)的合作,也会出现包括数字联系在内的没有紧密领土联系的网络合作,以及与中国的现实的国际合作。

---

[1] Dan Plesch and Thomas G. Weiss (eds.), *Wartime Origins and the Future United Nations*, New York: Routledge, 2015.

结 论

在新时代，中国的发展及其全球行动（主要是作为从地方到全球互动模式的"一带一路"倡议）已经成为一个里程碑。即便目前中国是世界上人口最多的国家，即便曾一度受到新冠肺炎疫情的影响，但到2020年，中国仍然消除了绝对贫困，并使很多人的生活水平得到了显著提高。2021年，中国实现了全面建成小康社会的目标。中国是最大的发展中国家，按名义国内生产总值计算，中国是世界第二大经济体；按购买力平价计算，中国是国内生产总值最大的经济体。中国特色社会主义模式的创新，建立在平衡战略计划和市场、公有制和私有制的指导原则基础之上。

中国经济是全球经济的重要组成部分，中国寻求与所有大国以及其他国家、宏观区域和文明地区发展良好关系。与此同时，中国目前聚焦扩大国内消费需求，进而平衡好国内消费和出口之间的关系。此外，中国正在对出口进行重新评估，以确保出口不以对西方国家的依赖为主导，而是主要通过"一带一路"倡议，以更平衡的方式分布于全球。这对实现更大的战略自主、主权和安全非常重要。在全球气候变化的形势下，中国也提出了生态文明概念，通过改善同环境和自然的关系来应对当前面临的问题。

这一发展有其历史前提。如果把1911年帝制的结束看作是近代中国开启现代之路的元年；1949年成立中华人民共和国可被视为第一次革命；1978年以来的改革开放是第二次革命；2012年以来提出中国梦和"一带一路"倡议是第三次革命的开始。现在，中国的目标是到2049年成为一个现代化强国，相关方案已经开始实施。

从更具体的发展细节中我们可以看到，1949年中华人民共和国成立创造了现代社会的基本先决条件。这是一个非常复杂的过程，因为必须应对1911

年过时的帝制崩溃后出现的动荡：帝制的残余、军阀混战及第二次世界大战。在人们致力于为后帝制时代的现代社会探寻新的发展道路时，这种动荡使情况变得更加糟糕。

至于更古老的背景，可以从中华文明的历史中去寻找，其积极因素为世界不同文明的多元性做出了重要贡献。中华文明在一定程度上塑造了中国当代社会，其独特性和创新性主要是在过去两千多年中创造的，当然中华文明的历史要久远得多。社会中人与人之间关系的具体制度模式特点，表现为精英在教育以及包括行政管理和国家调控市场在内的相关工作中具有重要性，这与人性、正义和其他核心价值相一致。

继中国的历史发展和古丝绸之路之后，"一带一路"倡议为国际社会多边主义发展做出了具体贡献。"一带一路"倡议是在亚洲、欧洲、非洲和美洲国家及地区间建立沟通与合作的一种创新方式。它以互联互通为着力点，在互相尊重主权和领土完整、互不侵犯、互不干涉内政、平等互惠、和平共处的基础上，尊重相互承认与合作等相关原则。

"一带一路"倡议强调跨国及全球生产和贸易等合作，以及与国内发展的联系。"一带一路"与全球各宏观区域的互动联系在一起，关注中国各省份间的互联互通，特别是关注和改善中国西部欠发达省份的状况。

中国在世界范围内的重要合作之一是与非洲的合作，这也是"一带一路"倡议的组成部分。中国与非洲开展了多样化的双边和多边合作。中非合作论坛是帮助非洲国家和非洲联盟发展的主要平台。非洲国家和非洲联盟遵循自身需求、利益和价值观，通过与世界其他诸多伙伴（主要是中国）多边合作获得启发，发展出自己的社会、经济、政治和文化模式。

非洲的发展转型若要成为可能，需满足一些条件。"非洲人民和领导人的决心、参与、自力更生和团结，是取得成功的先决条件。"①根据非盟《2063年议程》，必须确保以下先决条件：人民当家作主，提供发展资金，负责任的领导者，应急机构，民主国家，对泛非团结和一体化价值观的态度，确定优先解决的问题以及非洲的全球地位，推动地方发展的方法。

为了达到这个目标，必须说明两点：第一，阐明非盟《2063年议程》中提到的一系列需求、利益和

---

① "Agenda 2063", Addis Ababa: Africa Union Commission, 2015.

价值观中主要原则的重要性，真正得到亚的斯亚贝巴、比勒陀利亚、阿布贾等城乡非洲人民的认可。第二，具体阐明实现这一目标在实践中所需要的物质资源。

然而，最重要的另一点是非洲的未来应该尽可能实现自由发展，不发生武装冲突，并承认人民的基本需求。非洲内部与世界其他地区的多方、非暴力互动，以及生活水平的提高，是塑造非洲未来模式的关键所在。

总之，在未来发展全球多边社会的进程中，有必要考虑世界不同地区的诸多地方、国家、区域和宏观区域的需求、利益、价值观的具体模式和不同文明，及其与整个人类文明的关系。中国已经通过组织各类象征性的全球事件展现了其发展和崛起，比如2008年北京夏季奥运会、2010年上海世博会及在上海举行的中国国际进口博览会等。现在，重要的是更具体地明确与诸多国际机构、跨国机构，特别是经济和金融机构以及联合国等的关系。挑战将是区域性、暂时性的。历史发展不是沿着直线行进的，而是在辩证的螺旋中前进的。迄今为止，随着全球经济在历史发展的危机周期中徐徐展开，有必要像中国主动、负责任地抗击新冠肺炎疫情一样,积极应对接下来的全球性挑战。中国提出的"一带一路"倡议,旨在让中国及世界各国以和谐的方式实现发展,更新现有条件,使其符合现在和未来的新要求。这也将是为人类共同的环境规划做出贡献的尝试,以确保在新时代我们的"地球飞船"能够在轨良好运行。